Research on the Relationship between Multiple-layer
Network and Investment Performance of
CHINESE CORPORATE
VENTURE CAPITAL

中国企业风险投资的多重网络
与投资绩效的关系研究

张玉洁　◎著

中国财经出版传媒集团

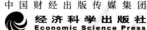

经济科学出版社
Economic Science Press

图书在版编目（CIP）数据

中国企业风险投资的多重网络与投资绩效的关系研究/
张玉洁著 . －－北京：经济科学出版社，2022.12
ISBN 978－7－5218－4439－9

Ⅰ.①中…　Ⅱ.①张…　Ⅲ.①企业管理－风险投资－
研究－中国　Ⅳ.①F275.1

中国国家版本馆 CIP 数据核字（2023）第 012363 号

责任编辑：杜　鹏　常家风
责任校对：孙　晨
责任印制：邱　天

中国企业风险投资的多重网络与投资绩效的关系研究
张玉洁　著
经济科学出版社出版、发行　新华书店经销
社址：北京市海淀区阜成路甲 28 号　邮编：100142
总编部电话：010-88191217　发行部电话：010-88191522
网址：www. esp. com. cn
电子邮箱：esp@ esp. com. cn
天猫网店：经济科学出版社旗舰店
网址：http://jjkxcbs. tmall. com
固安华明印业有限公司印装
710×1000　16 开　11.25 印张　200000 字
2023 年 3 月第 1 版　2023 年 3 月第 1 次印刷
ISBN 978－7－5218－4439－9　定价：68.00 元
（图书出现印装问题，本社负责调换。电话：010－88191545）
（版权所有　侵权必究　打击盗版　举报热线：010－88191661
QQ：2242791300　营销中心电话：010－88191537
电子邮箱：dbts@ esp. com. cn）

前言

企业风险投资（corporate venture capital，CVC），又称企业风险资本、企业创业资本、公司风险投资、公司创新投资，是科技金融的重要投入之一，是联结产业资本和技术创新的重要中介，其最大的意义在于激励创新。

随着中国经济的发展和资本市场规则的日臻完善，越来越多的在位企业把风险投资作为外部研发、维持和扩大竞争优势、实现财务和战略目标的重要手段，以推动企业的可持续发展。CVC 对于投融资双方都具有特定的优势。对在位企业而言，一方面，进行风险投资可以获取直接的财务投资收益；另一方面，企业风险投资是进行组织间学习和获取外部创新资源的重要渠道，为在位企业提供了接触和了解新技术、新市场的机会和通道，滋养在位企业的创新，实现企业可持续发展战略目标。对创业企业而言，CVC 独有的行业背景和市场资源为创业企业提供了"行业导师"的技术指导、资源共享和声誉背书，有利于创业企业的创新建设和快速发展。CVC 的投融资双方均为具有非金融主营业务的市场主体，有利于在位企业和创业企业双方的创新激发，有利于我国传统产业的转型升级和国家创新驱动发展战略的落实，是建设创新型国家的重要组成部分。

企业风险投资涉及多方主体，包括在位企业、CVC 机构、创业企业、合作投资机构、会计师事务所及律师事务所等投资服务方、券商及银行等上市服务方，各主体间合作关系多元，其社会经济关系是典型的复杂网络结构。各主体之间的资源和信息在网络中流动，主体之间相互影响，进而改变网络结构。而主体网络结构位置的变化，又对其行为和决策产生影响。网络的动态演化体现了 CVC 行业发展的历程和趋势。

在此背景下，本书以中国企业风险投资为研究对象，聚焦于中国企业风险投资的多重网络的特征和演化规律，通过文献梳理对企业风险投资的社会经济网络进行分析、构建和拆解，剖析基于"在位企业—CVC—合作投资者—创业企业"结构的多重网络,对网络结构特征和网络演化规律进行研究,并进一步分析网络特征对投资绩效的影响机制。本书研究的主要工作及创新之处有以下几个方面。

(1)本书引入社会网络分析理论,基于"在位企业—CVC—合作投资者—创业企业"的多元结构,将企业风险投资的多重网络区分为战略投资网络和联合投资网络,研究多重网络特征对财务绩效和创新绩效的影响机制。

战略投资网络的研究基于"在位企业—CVC—创业企业"三元结构,分析在位企业通过CVC构建的战略投资网络,揭示了在位企业的战略目标对投资策略选择的影响,以及战略投资网络多元化对投资财务绩效的影响机制。基于资源基础观,研究发现,在位企业的资源禀赋对战略投资网络的财务绩效提升作用存在显著的影响。在位企业在构建多元化战略投资网络时,其资金实力和行业资源等资源禀赋,对投资财务绩效有显著的正向调节作用。

联合投资网络的研究基于"在位企业—CVC—合作投资者"三元结构,分析在位企业通过联合投资与其他投资机构建立的合作联盟网络,进行信息共享、风险分担,以提高投资绩效。进一步基于组织间学习理论,对企业风险投资的组织间学习网络进行剖析,基于"在位企业—CVC—合作投资者—创业企业"的多元结构,系统考察企业风险投资多重网络中组织间学习的机理,研究网络能力对战略绩效的影响机制。研究提出了在位企业要重视企业外部网络的建设和维护,为企业保持竞争优势和实现可持续发展打造健康的社会网络环境。

(2)本书引入动态网络研究视角,基于移动时间窗构建企业风险投资的动态网络,采用余弦相似性方法对网络整体结构指标进行分析,定量对企业风险投资的行业发展进行阶段划分,为行业发展阶段及生命周期研究提供了新的思路和参考,为进一步深入对企业风险投资进行细化研究奠定了理论基础。根据发展阶段的划分,可以详细解释在不同阶段中投资策略选择和投资绩效的差异,并对比分析不同阶段投资主体的差异等。

研究还采用K-means聚类算法,对企业风险投资的网络"角色"进行了定量划分。根据网络特征,按照接近程度将CVC机构进行分类。传统的类型分析法多基于定性分析,而网络特征是对企业风险投资机构的投资经验和行为的可视化表达,且可以定量精确分析,采用网络方法进行类型的区分，更加科学和直观。CVC 网络"角色"的划分，使复杂的投资动机和投资行为条理化、系统化、类型化，为研究企业风险投资的创新影响机制和投资绩效影响机制创造了条件，便于发现各影响因素之间的内在联系，为解释企业风险投资的财务绩效和创新绩效的影响机制提供了有利的途径。

（3）本书基于多重网络对 CVC 的影响力进行了动态评价研究，构建了包括"整体网—社群网—自中心网"的多维影响力评价模型，加入时间权重，针对时间序列数据构建了基于移动时间窗的动态评价模型。该模型不仅可以在静态时间窗上进行多维度影响力评价，还可以反映动态时间窗中影响力的变化趋势及其时间延续性，对 CVC 的多层次综合影响力进行动态衡量。研究将多重社会网络与影响力综合评价模型相结合，为动态评价方法研究提供了新的思路，为研究具有网络特征和时间延续性的对象提供了借鉴。

本书的研究工作就中国企业风险投资如何提高投资绩效，促进在位企业和创业企业的创新绩效，开拓了新的研究视角，提供了一定的理论与实证基础，为政府进行行业监管和企业的投资决策提供了参考。

张玉洁

2022 年 12 月

目录

第1章　绪　论 ……………………………………………… 1

1.1　选题背景和研究意义 ………………………………… 1

1.2　相关概念界定 ………………………………………… 5

1.3　研究思路和研究方法 ………………………………… 10

1.4　研究的创新点 ………………………………………… 15

第2章　文献综述 …………………………………………… 17

2.1　基于在位企业视角的 CVC 研究 ……………………… 17

2.2　基于创业企业视角的 CVC 研究 ……………………… 24

2.3　CVC 网络的理论基础 ………………………………… 27

2.4　简要评述 ……………………………………………… 36

2.5　小结 …………………………………………………… 38

第3章　CVC 联合投资网络的构建、特征及演化 ………… 40

3.1　研究背景 ……………………………………………… 41

3.2　研究设计 ……………………………………………… 45

3.3　网络分析结果 ………………………………………… 51

3.4　结论 …………………………………………………… 68

第4章　战略投资网络对 CVC 的投资绩效的影响 ………… 70

4.1　研究背景 ……………………………………………… 70

4.2　战略投资网络多元化特征与投资绩效的影响机理 …… 71

4.3　研究设计 ……………………………………………… 75

4.4　统计与实证结果 ……………………………………… 79

4.5 影响机理分析 ·· 86

4.6 结论 ·· 89

第5章 多重网络对 CVC 的投资绩效的影响 ·············· 91

5.1 研究背景 ·· 91

5.2 理论背景与研究假设 ·· 93

5.3 数据样本与研究方法 ·· 104

5.4 实证结果分析与讨论 ·· 110

5.5 结论 ··· 122

第6章 基于多重网络的 CVC 动态影响力评价 ·········· 123

6.1 研究背景 ·· 123

6.2 研究框架及模型 ·· 125

6.3 应用实例——中国 CVC 网络影响力评价 ·············· 132

6.4 结论 ··· 140

第7章 研究结论、意义与展望 ······························· 142

7.1 研究结论 ·· 142

7.2 研究意义 ·· 145

7.3 未来展望 ·· 148

参考文献 ·· 150

第1章 绪论

1.1 选题背景和研究意义

1.1.1 选题背景

1.1.1.1 创新和变革是企业实现可持续发展的必经之路

在国家发展战略层面，党的十八大做出了实施创新驱动发展战略的重大部署，创新是国家发展战略的核心，是供给侧结构性改革的枢纽。2014年9月，国务院总理李克强在夏季达沃斯论坛上公开发出"大众创业、万众创新"的号召。① 我国发布的"十三五"科技创新规划，是国家在科技创新领域的重点专项规划，是落实创新驱动发展战略、建设创新型国家的行动指南。党的十九大上，习近平总书记提出，"创新是引领发展的第一动力，是建设现代化经济体系的战略支撑"。② 党的十九届四中全会提出深化国企改革，强调"全面增强国有经济竞争力、创新力、控制力、影响力、抗风险能力"，首次提出要增强国有经济的"创新力"。2021年3月，"十四五"规划发布，提出："坚持创新在我国现代化建设全局中的核心地位，把科技自立自强作为国家发展的战略支撑。""强化企业创新主体地位，促进各类创新要素向企业集聚。""发挥大企业引领支撑作用，支持创新型中小微企业成长为创新重要发源地，加强共性技术平台建设，推动产

---

① 李克强. 在第八届夏季达沃斯论坛上的致辞 [EB/OL]. [2014 – 09 – 11]. http://www.gov.cn/guowuyuan/2014 –09/11/content_2748703.htm.

② 习近平. 决胜全面建成小康社会 夺取新时代中国特色社会主义伟大胜利——在中国共产党第十九次全国代表大会上的报告 [EB/OL]. [2017 – 10 – 27]. http://www.gov.cn/zhuanti/2017 – 10/27/content_5234876.htm.

业链上中下游、大中小企业融通创新。"① 党的二十大报告中强调，"强化企业科技创新主体地位，发挥科技型骨干企业引领支撑作用，营造有利于科技型中小微企业成长的良好环境"。② 作为创新的主力军，在位企业的创新能力是其获取竞争优势和维持可持续发展的必要条件。

国际巨头中，谷歌、苹果、英特尔等跨国公司均采用开放创新的战略来推进企业的持续发展；70% 的欧洲公司声称采用开放或半开放创新（Schroll & Mild，2002）；据统计，我国仅 2022 年前三季度共签订技术合同 437 866 项，成交额为 25 428 亿元，同比增长 27.7%③。开放创新要求企业不局限于组织内部，能够从外部获取和使用由其他组织研发的技术或知识，以及与其他组织分享技术或知识等，通过集体性知识创造和分享活动来创造和获取价值（Chesbrough，2003；West，2008）。

在经济全球化的大环境下，国内外市场竞争日益激烈。企业处于技术变革日新月异和新业务不断兴起的复杂动态环境中，市场环境呈现出开放、复杂、多变的特点。伴随着研发成本急剧增加、新技术扩散速度极大加快、产品生命周期缩短、全球化竞争加剧，在位企业需要进行快速的创新和不断的变革以获取和保持可持续的竞争优势。而创业企业受限于资金和人员规模，进行技术和产品创新是其在复杂的动态市场竞争中维持企业生存和发展的根本途径。

1.1.1.2 CVC 对国家经济发展、企业创新有重要推动作用

在位企业参与风险投资，是在位企业进行开放创新获取外部技术资源的重要模式、价值创造的主要工具以及企业创业活动的重要形式。CVC 起源于 20 世纪 60 年代的美国，但直到 20 世纪 90 年代，才开始活跃于资本市场。很多大型跨国企业都制订了 CVC 战略和计划。自 2010 年开始，CVC 在中国得到快速发展，并成为创新和创业研究的重点和热点。

CVC 是科技金融的重要投入之一，其最大的意义在于激励创新。CVC

---

① 中华人民共和国国民经济和社会发展第十四个五年规划和 2035 年远景目标纲要 [EB/OL]．[2021 – 03 – 12]．http：//www. gov. cn/xinwen/2021 – 03/13/content_5592681. htm.

② 习近平. 高举中国特色社会主义伟大旗帜 为全面建设社会主义现代化国家而团结奋斗——在中国共产党第二十次全国代表大会上的报告 [EB/OL]．（2022 – 10 – 16）［2022 – 10 – 25］．http：//www. gov. cn/xinwen/2022 – 10/25/content_5721685. htm.

③ 中华人民共和国科学技术部. 全国技术市场交易快报（第 51 期）［EB/OL］．[2020 – 02 – 24]．http：//www. chinatorch. gov. cn/jssc/tjjb/202210/6ec2be303e49449085d58a057fa7ceea. shtml.

从资本和技术两个维度在在位企业和创业企业之间建立流通通道，不仅可以帮助在位企业建立外部创新体系，提升研发和创新效率（Dushnitsky & Lenox，2005；Gaba & Bhattacharya，2012），而且对推动科技型创业企业的早期发展有着重要作用（Drover et al.，2017）。据《2019 中国 CVC 行业发展报告》披露，2018 年全球 CVC 出现陡然增长的趋势，其中中国 CVC 的投资规模为 203 亿元人民币，占整个风险投资金额的 17%；在位企业作为风险投资领域的新的参与者，表现出强大的投资实力；CVC 已经成为我国风险投资市场中的中坚力量。[①] CVC 不仅撬动产业资本和社会资本参与风险投资，推动创业企业成长，而且提升在位企业的创新能力，对企业创新和国家经济的发展有重要的推动作用。其在企业创业和科技金融领域具有的双重重要身份，吸引了越来越多学者的关注和研究。

1.1.1.3　CVC 实践呈现出明显的网络性

在实践中，大量企业的定位和运营都更趋于网络化，由强调竞争转向强调合作，以应对市场竞争、经济波动、行业变革等一系列外部环境的不确定性。风险投资行业在发展中形成了广泛性的联合投资模式，也称为辛迪加（Syndication）（Wright & Lockett，2003；Kogut，Urso & Walker，2007）。CVC 实践中，联合投资占比在 70% 左右。此外，CVC 还联合了各种金融服务资源，构成科技金融网络中的重要部分。

关于风险投资的研究始于 20 世纪 60 年代，大量研究热衷于关注风险投资机构的运作方式和决策，试图找出普适性的规律。而对 CVC 的研究始于 20 世纪 80 年代，大量研究的出现则是始于 2000 年以后。在 CVC 研究的早期阶段，学者们基本延续针对风险投资的研究思路，从投资行为入手进行 CVC 的相关研究。

近年来，随着对风险投资研究的深入，越来越多的学者发现，风险投资作为一种特殊的投资行为，不仅需要对创业企业投入资金，更为重要的是，它会利用自身的社会关系网络为创业企业增加价值。因此，仅从宏观或者微观的角度来探讨风险投资是不够的。与此同时，社会网络理论的兴起和日渐成熟为研究社会行为的微观层面与宏观层面之间的行为搭起了一

---

① 　清华大学五道口金融学院.《2019 中国 CVC 行业发展报告》正式发布［EB/OL］.［2020 - 01 - 14］. https：//www. pbcsf. tsinghua. edu. cn/info/1154/3060. htm.

座桥梁（Granovetter，1985）。由此，社会网络理论为研究风险投资行为开辟了全新的研究视角，即从社会网络结构的视角来研究风险投资行为。2007 年，以霍赫贝格等（Hochberg et al.，2007）在国际顶级学术期刊 *Journal of Finance* 刊载风险投资网络绩效效应的论文为标志，风险投资网络的研究迅速成为研究的前沿热点问题。针对我国风险投资行业，丁文虎等（2017）和杨敏利等（2018）尝试从管理者的角度建立社会网络，进而对风险投资机构的行为和绩效进行研究（丁文虎、杨敏利和党兴华，2017；杨敏利、丁文虎和郭立宏等，2018）。

相比于独立风险投资（independent venture capital，IVC），CVC 所处的社会网络更加多元和复杂。CVC 显著区别与 IVC 的特点之一就是，其拥有在位企业的母公司，所以除了通过联合投资建立的投资网络、投资过程中的财务合作网络、上市合作网络等，母公司所处的不同社会网络对于 CVC 的资源禀赋和投资绩效也有着不可忽视的影响。采用社会网络视角对 CVC 的网络特质和投资行为进行分析，是更加系统地把握研究 CVC 的投资效率和创新效率的重要途径。

1.1.2 研究意义

1.1.2.1 理论意义

本书研究的理论意义主要体现在研究视角、研究对象和研究方法上。

在研究视角上，本书采用动态网络视角，建立了 2000～2017 年期的 14 个移动时间窗动态网络，探索 CVC 的社会网络的动态演进；并基于多重网络视角，从不同层次的社会网络角度探索 CVC 的财务资本、技术资本、社会资本与战略投资绩效的关系，完善了现有 CVC 研究中的单一视角。

在研究对象上，本书基于"在位企业—CVC 机构—合作投资者—创业企业"的多元结构，突破"二元"研究结构，即"在位企业—CVC 投资"或"CVC—创业企业"的研究框架，梳理了多元主体之间在不同网络中的关联关系，着重分析不同网络带来的不同资本对 CVC 战略投资绩效的作用方式，为提升 CVC 的整体科技金融效率奠定基础。

在研究方法上，本书引入社会网络分析方法，构建了"整体网—社群网—自中心网"的多重网络模型，并提出假说，进行数据验证的实证研究。采用社会网络理论，对 CVC 在经济发展中的影响路径进行分析和研究，尝试分析网络中资本和技术资源的流动，构建 CVC 的创新机制模型，并通过实证检验分析 CVC 对经济发展的推动作用。

1.1.2.2　现实意义

本书研究的现实意义在于为国家政策的制定、在位企业的战略选择、投资机构的行为决策、创业企业的融资选择提供重要的参考价值，对提升 CVC 的投资绩效和促进 CVC 发展有重要意义。

CVC 的最大作用在于激发创新。首先，CVC 扩展了科技金融的资金来源，是产业资本推动创新的重要工具。其次，CVC 形成了在位企业与创业企业之间技术流动的通道，对提升创新效率、扩大创新影响力有着重要的作用。在经济新常态的大环境下，创新促发展是国家的重要发展战略，CVC 是引导企业和资本实现"脱虚向实"的重要途径。从社会网络分析视角作为研究的突破口，对 CVC 的社会关系和社会结构进行研究，形成基于 CVC 多重网络分析的研究结论，可以为国家制定相关法律法规提供参考和建议，提升科技金融的效率，并且对 CVC 行业优化战略选择、提升战略绩效具有重要价值。对于创业企业而言，本书的研究为其融资决策提供了参考和建议。创业企业需要根据投资方的社会关系和影响力等，判断其能力和投资意图，了解其投资特点，通过对投资方网络资源的分析和判断，引入切合企业发展需求的投资者，以达到改善企业运营情况、实现企业自身持续发展的战略目标。

1.2　相关概念界定

1.2.1　CVC 的概念及特征

尽管 CVC 活动早在 20 世纪 60 年代就在美国出现，然而对于 CVC 的研究一直都是实践先行、理论落后。国外对 CVC 的研究始于 20 世纪 70 年代末，而我国对于 CVC 的研究文献则从 2001 年才开始出现。目前，学术界对其并没有达成一个共同认同的概念，对 CVC 的识别和界定也存在差异化。

CVC 单元（CVC unit）最早被定义为"由成熟的在位企业设立并控制的

特殊单位，主要责任是为母公司创造新的商业机会"（Block & Macmillan，1993）。美国风险投资协会（national venture capital association，NVCA）对CVC 的定义是：非金融类企业进行的股权投资项目或其投资部门对投资组合企业进行的直接股权投资。这种投资应与母公司的战略方向相一致，或者能够为母公司的发展提供协同效应。表 1 - 1 对已有文献中关于 CVC 的典型概念进行了汇总整理。目前，学界运用最广泛的 CVC 的界定是将 CVC 定义为"在位企业通过选择有技术和价值的企业以及互补性资产来增强其投资组合公司的价值，以获取经济利益"（Gompers & Lerner，1998）。

表 1 - 1　　　　　　　　　　　　CVC 的代表性概念界定

作者	年份	CVC 内涵
Block & Macmillan	1993	CVC 单元是由成熟在位企业设立并控制的特殊单位实体，主要责任是为母公司创造新的商业机会
Gompers & Lerner	1998	有主营业务的非金融类在位企业选择有技术价值创业型企业和互补性资产进行直接或间接的少数权益投资，以增强其投资组合公司的价值，获取经济利益
Kann	2000	已经发展到一定程度的大企业对未上市的创业企业进行的由战略利益驱动的股权投资行为
Maula	2001	非金融企业基于战略和财务目标对初创私有企业进行的股权投资
Chesbrough et al.	2003	在位企业对外部创业企业的直接资本投资
Keil	2004	大企业进行外部投资的一种表现形式
Dushnitsky & Lenox	2005	已成立的企业向新成立的非上市初创企业进行的股权投资
Yang et al.	2009	公司风险投资依靠先前的行业经验评价创业企业的成功和失败，并且为创业企业建立标准和路径
美国风险投资协会（NVCA）		非金融类企业的股权投资项目或其投资部门对投资组合企业进行的直接投资。这种投资应与母公司的战略方向相一致，或者能够为母公司的发展提供协同效应
林子尧等	2012	非金融类企业以直接或间接的方式对企业外部的创业企业所进行的股权投资
万坤扬	2015	有主营业务的非金融公司出于战略目的（或至少战略利益优先）对组织外部的创业型企业通过内部流程或全资子公司基金、专项公司基金及联合公司基金等投资中介进行的直接或间接的少数权益投资
Will Drover	2017	在位企业对创业企业进行股权投资的系统性实践
田增瑞	2017	具有明确主营业务的非金融企业基于长期战略目的，通过第三方基金、专项资金或自我管理基金直接或间接地对组织外部的初创型企业进行股权及相关形式的投资

在早期的研究中，学者们重点关注 CVC 为母公司带来的战略收益，即 CVC 通过对创业企业进行股权投资，为母公司获取新的技术和市场，进入新的行业，实现在位企业的战略发展和扩张。因此，早期 CVC 的概念界定是从母公司/在位企业的角度提出的。

随着研究的进一步深入，学者们发现，CVC 不仅局限于追求战略目标，在其投资行为中，也体现了其作为投资机构的"逐利"目标，表现出复杂的动机。一些学者从创业企业的角度进行研究，提出 CVC 可以为创业企业提供非资本性增值服务。

学者们对 CVC 的界定可以分为狭义和广义。狭义的 CVC 是指在位企业出于战略动机直接向创业企业进行股权投资（Kann，2000）；广义 CVC 则包括了在位企业通过不同投资形式对非上市企业进行的股权投资，以获取财务和战略收益（Dushnitsky & Lenox，2005；万坤扬，2015b）。目前，学界对 CVC 的认定多采用广义概念，就 CVC 的特征识别上达成的共识包括以下四点：

第一，CVC 是具有在位企业母公司背景的风险资本，母公司具有明确的非金融主营业务；

第二，CVC 的投资标的是创业企业，这些企业处于早期发展阶段，未公开上市，且寻求资本和其他资源以谋求企业的持续发展；

第三，CVC 是少数股权投资，不应包括控股和合资企业；

第四，CVC 的投资动机包括财务目标、战略目标以及二者兼有。

1.2.2 在位企业、CVC 机构和创业企业

在位企业、CVC 机构和创业企业是 CVC 过程中的三大主体。

在位企业，即公司投资者（company investor），是经过多年发展，具有自身可持续的非金融主营业务，出于战略目标或财务目标设立 CVC 基金或独立 CVC 子公司的市场主体。区别与战略投资者（strategic investor），进行 CVC 活动的公司投资者的目标企业为未上市的、出于发展早期的创业企业，且持股量少。战略投资者对应的是发行公司，与发行人业务联系紧密，拥有促进发行人业务发展的实力，且有意愿长期持有发行公司的大量股票，有动力参与发行公司的治理。尽管战略投资者和公司投资者都追求长期的战略利益，但显然公司投资者对自身的资金占有量要远远小于战略

投资者，且针对的投资目标企业显著不同，对目标企业的干预程度也显著不同。

CVC 机构（CVC firms），即 CVC 基金或 CVC 公司，具体形式包括在位企业专门进行 CVC 活动的部门、托管 CVC 基金、CVC 有限合伙公司、CVC 有限责任公司等。CVC 机构负责投资基金的运作，为公司投资者实现战略目标和价值增值，是 CVC 的核心部分和金融中介，负责运营募集资金、评估项目、投资、投后管理、退出的投资全过程。

创业企业（new venture），又称为初创企业（startup）、投资组合企业（portfolio company）等，是 CVC 的主要投资对象，一般是指处于早期发展阶段，处于技术密集、人才密集、资金密集行业，进行高新技术产品开发，或具有极大成长潜力的企业。由于兼具发展早期和创新的双重不确定性，创业企业往往高成长性与高风险性并存。创业企业为了生存和发展，需要引入外部资金以及人力管理、技术、法律咨询等外部资源。受限于自身条件，创业企业大多不具备债券融资和上市融资的条件，股权融资成为创业企业融资的重要渠道。天使投资（angel investment）、众筹（crowd-funding）、独立风险资本（IVC）、企业风险投资（CVC）、加速器（accel-erators）等是创业企业常见的股权融资方式。相较于债券融资，股权融资方式对创业企业的现金流压力较小，且附加的投后管理资源对于创业企业的发展有着重要作用。

1.2.3　社会网络、CVC 网络

社会网络是社会行动者（social actor）及其关系的集合，用点和线来表达网络（刘军，2009）。社会网络中的行动者可以是任何社会实体，即个体、公司、学校、村落、城市、国家等社会单位；关系则是行动者之间的联系。基于社会学理论，行动者及其行动是相互依赖、相互影响的；行动者之间的关系是资源传递和流动的渠道；网络结构环境可以为行动者提供机会，也可能会限制行动者的行动，即社会关系影响人的行为（Wellman & Berkowitz，1988）。社会网络分析学者认为，一个社会系统的有机团结并不依赖于对人的认知，而依赖于在客观上可以确定的社会关系的相互关联和互动。社会网络分析是一种新的社会科学研究范式，为分析社会结构和处于特定社会结构中的个体行动提供了精确的工具。社会行动者既具

有自己独特的属性，又处于一定的社会网络之中，因而不能仅考察其属性，还应该关注其所处的关系网络及对其属性影响（Emirbayer & Goodwin，1994）。例如，在研究企业行为（如企业采取的环保行为）时，社会网络分析不仅关注企业的特征（如规模、行业、利润、支持力度等），还关注企业受社会环境的影响（如关联企业的环保行为）。采用社会网络分析进行经济研究，不仅可以衡量主体的社会环境，还可以衡量主体间的关系互动，兼具系统性分析和动态分析的优势，在解释和研究社会行动者的属性和行为等方面具有独有的优势。

CVC 网络是以 CVC 为中心，基于 CVC 在投资过程中形成的各种关系构建起来的社会关系网络。CVC 作为中介，将在位企业、合作投资者、创业企业等社会行动者联系起来，实现了资金、知识、信息、社会资本等资源在网络中的传递和流动。根据 CVC 网络中关系的不同，CVC 多重投资网络可以区分为与其他出资者的融资网络、与合作投资者的联合投资网络、与创业企业的战略投资网络、与律师事务所等机构的企业增值网络，以及与其他利益相关者的网络等。本书重点研究 CVC 在投资过程中的资金和知识流动，关注 CVC 机构的联合投资网络和战略投资网络。

联合投资网络是 CVC 机构通过与其他投资机构对创业企业进行联合投资而形成的（Hochberg，Ljungqvist & Lu，2007；Hopp，2010a），网络中的行动者是各个投资机构，关系则是基于投资机构间存在对同一企业的联合投资关系。联合投资是风险投资的重要投资策略，有助于投资机构分担投资风险（Podolny，2001）、实现多元化投资（Lerner，1994）、扩大目标项目的范围（Keil，Maula & Wilson，2010）、获取外部知识（De Clercq & Dimov，2008）、提高投资绩效（Hochberg et al.，2007）等。联合投资网络可视为 CVC 行业的整体网，反映了 CVC 行业的整体结构和特征。

战略投资网络是 CVC 机构与在位企业和创业企业结成的关系网络（Weber，2009）。由于股权关系，战略投资网络的关系要明显比联合投资网络中的关系更加紧密。战略投资网络中的点为 CVC 机构、在位企业和创业企业，关系为股权连接。战略投资网络是在位企业为实现自身战略目标而有意识地选择创业企业进行风险投资而形成的。

1.2.4 投资绩效

投资绩效是 CVC 机构在一定时期内利用基金进行风险投资活动所取得

的经营成果。CVC 作为具有战略意图的投资机构，其投资绩效可以分为财务绩效和战略绩效（宋砚秋等，2016）。

财务绩效用于衡量 CVC 项目的直接财务收益。风险投资机构的财务收益在退出项目时实现，投资的退出方式包括创业企业首次公开募股（initial public offering，IPO）、并购、回购、管理层收购和破产清算等。一般而言，IPO 的项目收益率最高，也是衡量风险投资项目成功的重要标志（Dimov，Shepherd & Sutcliffe，2007），并购收益率次之。CVC 财务绩效的度量与风险投资（venture capital，VC）投资绩效的度量一致，一般可以采用投资回报率、项目收益率、投资成功率等指标来进行衡量。财务指标是衡量 VC 投资绩效的最直观的数据，但由于 VC 一般不公开项目财务数据，外界甚至专业数据库都难以获取投资项目的收益率和投资机构的盈利情况等。现有研究中，学者们更多采用间接测度方法，例如，以目标企业上市情况、投资机构的项目上市或并购成功率等来衡量 CVC 的财务绩效（Belderbos，Jacob & Lokshin，2018）。

战略绩效用于衡量 CVC 的投资活动对在位企业的战略贡献。CVC 的战略属性是其区别与 IVC 的重要特征，因而也是考核其投资绩效的重要方面。CVC 的战略意图包括促进自身创新、监控新技术新市场、维持自身市场优势（Dushnitsky & Lenox，2006；Baierl，Anokhin & Grichnik，2016；Belderbos et al.，2018；Park，Li Puma & Park，2019）等。其中，创新绩效是衡量 CVC 战略绩效最重要的指标。在位企业的专利数量、专利申请量、研发费用、销售收入增长率、净利润增长率均用于衡量 CVC 的创新绩效（Dushnitsky & Lenox，2006；Yang，Narayanan & Zahra，2009；Lee，Park & Kang，2018）。

1.3　研究思路和研究方法

1.3.1　研究思路与技术路线

本书的研究思路如下。在理论研究部分，首先，基于现有文献进行梳理，厘清企业风险投资、投资网络等关键概念和研究现状。其次，从战略管理、组织学习、社会网络、网络信号等理论出发，构建多重动态网络模

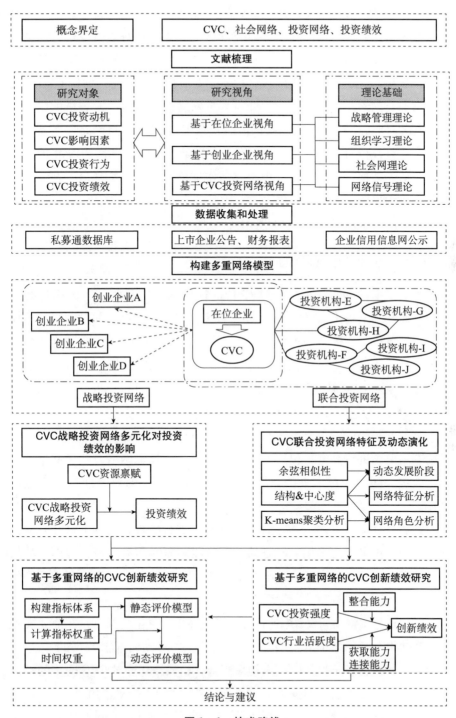

图 1-1 技术路线

型；最后，针对多重动态网络的整体网络结构、节点网络特征、多重网络嵌入性等构建研究模型。在实证研究部分，首先，针对战略投资网络的网络特征，构建调节效应模型，检验战略投资网络多元化对投资绩效的影响机制；其次，针对联合投资网络结构及动态演化进行研究，分析 CVC 行业发展情况及网络角色等；再次，针对多重网络嵌入的特征，分析网络能力对 CVC 的创新绩效的影响机制；最后，基于 CVC 的多重网络，对其动态影响力进行评价研究。本书采用清科私募通数据库中 2000～2017 年的 CVC 的投资活动数据，进行网络分析研究和实证检验，为政策制定、企业战略选择、机构投资决策等提供参考。

本书的技术路线如图 1 - 1 所示。

1.3.2　主要研究内容

本书根据社会网络理论，对 CVC 的社会网络构建的动力因素进行分析。在此基础上提出 CVC 的多重动态社会网络结构模型，并对网络结构模型汇总的各行为主体及其连接模式进行分析。然后对 CVC 社会网络演化的动因及其演化过程进行研究。最后从网络差异、网络特征、多重网络嵌入三个方面来对 CVC 社会网络对投资绩效的作用机制进行分析。本书的主要研究内容如下。

第 1 章是绪论。主要阐述本书的选题背景和研究意义，并对本书所涉及的基本概念进行界定，包括 CVC、联合投资、投资网络、社会网络、投资绩效等。同时，对本书的研究思路、研究方法、创新之处等方面进行概述。

第 2 章是文献综述。一方面对现有文献进行梳理，明确 CVC 的动机、投资行为、投资绩效等相关研究的发展阶段和研究前沿。另一方面，从战略管理理论、社会网络理论、组织学习理论等出发，探讨 CVC 多重网络形成的动机和网络成员间的行为联系。

第 3 章是 CVC 联合投资网络的构建、特征及演化。首先，在前述文献梳理和数据分析的基础上，构建 14 个基于 5 年移动时间窗数据的 CVC 动态网络；其次，基于整体网络结构采用余弦相似性算法对 CVC 网络的动态演化进行研究；再次，根据 K-means 聚类算法对 CVC 网络角色进行识别；最后，对 CVC 网络整体特征、角色的行为特征和演化特征进行研究。

第 4 章是战略投资网络对 CVC 的投资绩效的影响。本章旨在分析 CVC 通过不同投资策略构建自身战略投资网络，对其投资绩效的影响机制。首先，在位企业战略目标影响 CVC 的投资策略决策，通过对创业企业的筛选和评估，构建起基于母公司战略目标的战略投资网络，即以 CVC 为中心的个体自中心网；其次，对自中心网络的战略倾向进行统计分析；最后，检验自中心网的战略倾向特征对投资绩效的影响。

第 5 章是多重网络对 CVC 的投资绩效的影响。本章通过对 CVC 多重网络结构进行分析，研究在位企业通过 CVC 进行组织间学习的创新机制。从网络视角进行组织间学习的研究，根据网络紧密程度，将组织间学习的网络进行圈层划分，并研究了网络能力对创新绩效的影响机制。本章针对研究样本构建面板数据，采用负二项固定效应模型进行实证检验。

第 6 章是基于多重网络的 CVC 动态影响力评价。结合社会网络分析方法，构建了包括个体、社群、整体网特征的影响力评价体系；在静态影响力评价模型的基础上加入时间权重，形成了基于移动时间窗的 CVC 影响力动态评价模型；并针对中国典型国资背景的 CVC 进行实证检验。动态影响力评价结果综合反映了 CVC 在各个维度上的能力，评价结果持续、客观、有效，提供给投资者和被投资者直观的信号。

第 7 章是研究结论、意义与展望。本章对全书主要分析结论进行总结，包括概念和模型、网络结构、网络特征、多重网络嵌入对 CVC 的投资绩效的影响机制等，并说明论文的理论创新与实践意义。同时，基于全书的研究结论总结本次研究的局限以及未来研究方向。

1.3.3　研究的主要方法

为了对 CVC 多重网络特性及其投资绩效之间的关系进行深入系统的研究，实现理论研究与实际应用的一致，本书在研究中采用了文献综述、实证分析、对比分析等方法，应用了社会网络分析、统计计量回归等工具。本书研究的样本数据基于清科集团私募通数据库，对样本数据中缺失和偏差部分基于企业官方数据、国家企业信用信息公示系统和国家统计局数据进行补全纠偏，形成了研究的样本数据。样本数据包含 2000 年 1 月 1 日到 2017 年 12 月 31 日期间，356 家 CVC 机构参与的 121 695 条投资事件数据和 4 201 条退出事件。基于这些数据，构建了基于 5 年移动时间窗的 14 个动态联合投资网络以及战略投资网络。研究中涉及的主要研究方法包括以下三种。

1.3.3.1　社会网络分析

社会网络分析为研究极端复杂的社会关系提供了一系列研究工具，从行动者之间关系的研究视角，形成了其独特的研究范式。社会网络分析将世界看作网络的结构，行动者之间的关系是资源流动的渠道，通过分析来发现和研究复杂的资源流动网络。社会网络分析主要利用图和矩阵来研究网络，采用图论工具、代数模型等来描述关系模式，对关系数据进行统计分析和推断。

社会网络理论对新古典经济学的非社会性和非动态性进行了补足。社会网络理论认为：经济行为是嵌入在社会网中的，人际关系会影响经济行动；人际关系有其可使用、可被计算利得和成本的一面，即社会资本；信息的传递受社会关系与社会网结构的影响；个体随时会受到有关系的他人影响而改变效用函数；个体的网络结构位置会影响其资源、信息的获取，进而影响经济行动。

社会网络分析研究对象包括自中心网和整体网。本书的研究既从 CVC 整体网的角度对网络结构和特征进行了分析和阐释，又从 CVC 个体自中心网的角度对个体从网络中获取资源，进而影响个体绩效的作用机理进行研究。本书在研究中采用 UCINET6.5 软件进行网络指标的计算和网络特征的分析。

1.3.3.2　统计回归

本书采用 Stata16 进行统计回归分析。在实证分析中，对样本进行描述性统计，通过多元回归、调节效应、面板数据回归等对研究假设进行验证，并采用工具变量、2SLS 模型等对实证结果进行稳健性检验。

1.3.3.3　比较分析

在实证结果分析中，结合描述性统计结果，对不同行业阶段、不同背景、不同角色的 CVC 的投资行为、网络特征、财务绩效、创新绩效等进行比较分析，探索其产生差异的原因。例如，在 CVC 网络动态演化研究中，比较分析不同角色的 CVC 在不同发展阶段中的投资行为和网络特征的差异等。

1.4　研究的创新点

企业风险投资日益成为风险投资的重要力量，也是学者们研究的热点。本书在已有研究的基础上，针对中国企业风险投资，尤其是上市企业设立或参股 CVC 机构，构建多层网络，分析其多重网络特征，并研究了多重网络特征对企业风险投资投资绩效的影响机制。本书的创新点包括以下三个方面。

1.4.1　构建多重 CVC 动态网络模型

社会网络尤其是复杂社会网络可以展现企业风险投资的投资活动中参与主体数量多、关系复杂的特点。本书通过社会网络分析，一方面，将社会网络理论与 CVC 研究相结合，形成适应 CVC 研究的社会网络分析范式；另一方面，从 CVC 多重网络的实际出发，建立多重网络模型，为之后 CVC 网络信号传递、资源传导机制的研究奠定基础。此外，本书对 CVC 网络结构和网络特征对投资绩效的影响作用进行了理论证明，有助于推动 CVC 相关政策的科学制定和 CVC 行业的健康发展。

1.4.2　从动态视角研究 CVC 网络的作用规律

在社会网络中，"牵一发而动全身"。CVC 机构在社会网络中的结构位置，既是之前行动的结果，也是影响未来行动的因素。通过 CVC 动态网络的构建和分析，可以揭示 CVC 网络中机构的行为如何影响其所处的网络结构和网络位置的变化，继而影响网络的变化，最终对网络中的其他个体产生影响。进一步，动态网络分析可以揭示 CVC 绩效的长期影响机制，CVC 行业的发展规律和发展特点，还可以发掘 CVC 的成长演化路径等。

1.4.3　通过多重动态网络分析全面揭示中国 CVC 的创新作用机制

通过多重动态网络的分析，从微观上可以研究 CVC 的投资活动中投融资双方的参与动机、项目中的价值创造机制、可能面临的潜在风险等，阐明 CVC 网络对在位企业和创业企业的财务绩效和创新绩效的影响机理；从宏观上可以了解中国 CVC 行业的投资活动现状，探索 CVC 网络的演进规律，分析 CVC 对风险投资行业和宏观经济的影响。二者相结合，对理解和分析我国 CVC 发展状况及未来发展趋势有重要意义。

第 2 章　文献综述

2.1　基于在位企业视角的 CVC 研究

2.1.1　在位企业进行 CVC 活动的动机和目标

与 IVC 单纯追求财务回报的投资动机不同，在位企业进行 CVC 的投资动机包括财务目标和战略目标两个方面，具体表现为：单纯追求财务回报，单纯服务于在位企业战略目标，以及二者兼顾。万坤扬（2016）将 CVC 的投资目标大致划分为两类：第一类目标主要体现在通过 CVC 实现的技术溢出、知识转移和组织学习等技术创新或知识创造方面，即战略目标；第二类目标主要体现在 CVC 带来的财务、市场/业务、期权、联盟、并购等给 CVC 的母公司带来的企业价值增加或成长方面，即财务目标。

通过文献梳理，本书将 CVC 的战略目标归纳为以下几种。

第一，获取新技术。随着科技的迅速发展，在位企业进行突破式创新面临着很大的困难和高昂的成本（Tushman & Anderson，1986），企业进行内部研发需要付出的成本越来越高，面临的风险越来越大，并且很难通过内部研发获得市场领先的创新性的技术。创业企业往往比在位企业有更高的创新专利产出（Kortum & Lerner，2000）。在位企业投资于创业企业能够给自身带来更高的经济价值，而且其成本甚至低于自行内部研发创新（Shane，2001）。投资给同一领域或相关领域的创业企业，能够使在位企业时刻接触新颖的、开创性的技术，提高自身实现突破式创新的可能性（Ahuja & Lampert，2001）。因此，CVC 设立的初衷便是在位企业希望从外部获取新技术、降低内部研发风险、提升内部创新等（姜彦福、张帏和孙悦，2001；Benson & Ziedonis，2009）。在位企业期望通过投资创业企业来掌握技术前沿，投资前的尽职调查以及投资后的管理都可以使 CVC 深入了解创业企业的技术和市场信息，甚至当创业企业经营失败而破产时，CVC 还可以通过收购创业企业来获取核心技术（傅嘉成和宋砚秋，2016）。

第二，进入新市场。在位企业通过 CVC 进行股权投资活动，在位企业可以与创业企业进行资源整合，实现产品差异化、扩大市场需求、降低研发成本等；还可以为创业企业提供信用背书等外部资源支持，降低创业企业的搜寻成本和试错成本（Zimmerman & Zeitz，2002）。同时，在位企业可以监测新兴行业的发展，保持对新技术的跟进和敏感度（Kann，2000）。这样既能降低在位企业直接开展新技术研发的风险与成本，同时又保留了在新行业窗口期进一步追加投资的机会。如果新兴市场的前景不太乐观，CVC 可以及时停止投资，减少损失；如果新兴市场的前景证明是良好的，CVC 也可以追加投资或者干脆收购创业企业，通过早期占位进入新兴市场（林子尧和李新春，2012）。

第三，实现企业持续发展。IBM 在经历了 20 世纪 90 年代初的巨大危机之后，于 1999 年成立了风险投资部。通过进行风险投资，IBM 将各个独立软件供应商的技术和客户资源整合到自己的平台，成功推出了多个行业性解决方案，实现了从硬件向信息技术和业务解决方案的业务战略转型。百度通过成立风险投资公司，专注投资人工智能（artificial intelligence，AI）、增强现实（augmented reality，AR）、虚拟现实（virtual reality，VR）等下一代科技创新项目，实现新兴市场的占位。根据 IT 桔子发布的《2018年人工智能行业创新企业 Top100》报告，百度以其在人工智能和云计算方面的优势占据了榜单的第一名。CVC 可以使在位企业充分利用内部资源、获得行业的控制力及影响力、为企业培育新的业务以实现企业的持续发展（李欣，2005）。

关于 CVC 的投资动机的研究表明，在位企业进行 CVC 投资活动的主要目标是获取战略收益。麦克纳利（McNally，1997）通过调查英国在位企业的 CVC 活动发现，相比于财务收益，在位企业更看重 CVC 活动可以了解新技术和新产品，拓展企业的业务规模和渠道等战略收益。厄恩斯特等（Ernst et al.，2005）分析了德国 CVC 的投资活动，研究表明，追求短期财务回报会对企业外部创新产生阻碍，不利于企业的长期发展，多数在位企业进行 CVC 活动都兼顾双重目标。基于对美国上市企业的 CVC 投资研究结果则认为，CVC 的战略目标高于财务目标（Dushnitsky & Lenox，2006）。麦克米兰等（MacMillan et al.，2006）对美国 48 家 CVC 的财务报告进行分析总结，发现在位企业将 CVC 活动的战略收益放在投资动机的首位，相比于单纯追求财务收益，战略目标会给母公司带来更大的收益。林子尧和李新春（2012）对中国截至 2006 年在沪深两市上市的制造业企业的 CVC 活动进行了研究，发现 CVC 活动对上市公司的财务绩效（ROA）和成长价值（托宾 Q）作用显著为负，但对创新绩效作用显著为正，说明 CVC 为上市公司创造的价值主要体现在创新绩效方面，其原因在于，CVC 活动为我国上市公司提供了新技术的窗口和向创业企业进行组织间学习的机会，这有助于帮助上市公司提升创新绩效（林子尧和李新春，2012）。陆方舟等（2014）通过对我国沪深上市公司的 CVC 活动进行研究发现，基于财务目标进行 CVC 活动的在位企业的价值创造显著低于其他目标和模式的 CVC 投资（陆方舟、陈德棉和乔明哲，2014）。

2.1.2　影响在位企业进行 CVC 活动的因素

当在位企业有进行 CVC 活动的动机后，是否能够设立 CVC 机构并进行风险投资还受企业内部因素和外部环境的影响。

从外部环境来看，首先，创业企业所在地区是否有知识产权保护相关的法律，对在位企业进行 CVC 活动存在显著的影响（Dushnitsky & Lenox，2006）。其次，知识产权保护弱且技术变革大的行业是 CVC 最为偏好的投资行业。另外，当在位企业所处的行业面临较大的技术变革风险时，在位企业会进行更多的 CVC 活动（Basu et al.，2011）。在销售增长迅速和技术更新快的行业，研究与开发（research and development，R&D）投入程度与 CVC 的投资强度成正相关（Sahaym et al.，2010）。此外，在位企业的环境不确定性（Tong & Li，2011）、风险投资行业的区域发展状况（Gaba & Bhattacharya，2012）、创新创业环境（Fulghieri & Sevilir，2009；Da Gbadji, Gailly & Schwienbacher，2015）等都是影响 CVC 活动的主要行业层面因素。

从在位企业的内部环境来看，在位企业对内部研发的投资力度越大，进行 CVC 活动的投资金额也越多（Rice et al.，2000）。一方面是在位企业对于创新的重视，另一方面是 CVC 与内部研发相互促进。在位企业的资金能力和知识吸收能力对进行 CVC 的决策也有显著的影响作用。现金资源越充分的在位企业，在进行 CVC 决策时的阻力越小（Dushnitsky et al.，2005）；而知识吸收能力越大的在位企业，更倾向于进行收购或技术许可，而不是进行 CVC 投资（Ceccagnoli et al.，2011）。

此外，在位企业的外部联盟对其 CVC 活动存在影响（Dushnitsky et al.，2010）。当在位企业的联盟企业都进行 CVC 活动时，在位企业更有可能进行 CVC 活动。基于社会网络理论对在位企业社会网络关系的研究发现，CVC 的网络关系也会影响在位企业进行 CVC 的投资决策（Noyes et al.，2014）。

2.1.3　在位企业的 CVC 投资行为

2.1.3.1　投资目标企业的选择

在位企业基于战略目标进行 CVC 活动，对投资目标企业的选择服务于战略目标的规划和实现。在位企业进行 CVC 投资的经验强度、经验的异质性和获得性经验（acquisition experience），对在位企业选择和评估创业企业的能力，存在显著的影响（Narayanan，Yang & Zahra，2009；Yang et al.，2009）。从投资策略的选择来看，CVC 对目标企业的选择可以分为行业多元化、阶段多元化、区域多元化三个维度。

从投资目标行业来看，在位企业出于发展战略的考虑，一方面需要维持自身的市场优势，另一方面需要不断探索新行业、新市场的机会。在位企业进行 CVC 活动积累了行业多元化的投资经验，有助于在位企业在未来选择相对财务回报潜力更高的创业企业进行投资（Yang et al.，2009）。从资产组合角度出发，投资行业过于集中会放大系统风险，对投资绩效产生负效应（李严等，2012）。从实物期权的角度，CVC 通过行业多元化投资构建投资组合，作为在位企业后续出售或并购的期权，可以降低行权风险，提高投资绩效（Yang et al.，2014）。从知识管理角度，通过进行行业多元化投资，在位企业可以实现不同行业知识的共享和学习，提高回报率（Humphery-Jenner，2013）。在位企业通过涉足不同行业，可以获得与现有认知和经验更为互补的外部资源，提升应对行业波动的能力（徐勇等，2016）。从内部激励角度来看，由于基金经理的薪酬与绩效挂钩，出于风险规避的考量，基金经理会选择不同行业进行投资来分散风险，以达到其基本的预期回报（Matusik & Fitza，2012）。并且基于风险收益假设，多元化使基金的预期收益低，而基金经理为了追求高收益反而在行业投资时选择高风险项目，最终导致多元化基金绩效更好。傅嘉成等（2016）通过对中国 CVC 的投资行为进行研究发现，CVC 向与在位企业相关行业的创业企业进行投资，可以为创业企业提供技术支持、供应商网络、市场资源等，更有利于创业企业的存活并成功 IPO 或被收购，提高自身投资绩效。万坤扬（2015）基于实物期权理论，探讨不同企业价值水平下 CVC 价值创造的区别，认为只有具备一定企业价值水平的公司投资者才可能通过 CVC 来实现价值创造，并且 CVC 组合多元化与企业价值创造之间存在复杂的 U 形关系。

从 CVC 的投资阶段来看，投资阶段多元化的经验有助于增强 CVC 对投资目标企业的评估能力，并且 CVC 在选择项目时，投资创业企业后期阶段比投资早期阶段对经验积累更为有效（Narayanan et al，2009）。尽管投资创业企业可以使在位企业获得接触新技术的机会，并预期未来的战略收益，但学者们的实证研究发现，在位企业很少集中进行种子期的投资，CVC 活动倾向于投资后期发展阶段（成长期和成熟期）的创业企业。针对美国 CVC 活动的实证研究发现，相比于初创企业和成熟企业，CVC 更倾向于投资扩张期或发展前景清晰的企业（Gompers，2001）。与 IVC 相比，CVC 的风险偏好更低，更倾向于投资发展后期的企业，并且更倾向于进行联合投资（Dushnitsky & Shapira，2010）；在对早期企业的投资中，CVC 则更倾向于投资尚未融资且表现出创新率高的创业企业（Park et al.，2013）。从中国 CVC 的情况来看，CVC 的投资事件中，发展期和成熟期的目标企业比例占据了投资事件的 70% 以上（宋砚秋、张玉洁和王瑶琪，2018）。宋砚秋等（2018）研究认为，出现这一现象的原因为：一方面，由于创新资源是稀缺的，具有创新优势的创业企业的数量有限；另一方面，早期创业企业对投资者鉴别能力和投后管理能力的要求都更高。

从投资区域来看，区域多元化的投资策略可以使投资者积累关于区域制度差异的知识，区域制度环境的差异会导致区域性资源的差异，当地的政治制度、经济制度、社会文化等环境因素会对创业企业内在文化和外在战略的形成产生重大影响（Kostova，1999）。徐勇等（2016）对中国 VC 的投资策略进行了研究，发现区域多元化的投资策略使得 VC 容易克服区域间的制度差异，对投资绩效带来正向影响。

2.1.3.2 其他投资策略的选择

联合投资策略是投资机构重要的投资策略。尽管 CVC 在行业和市场资源方面具有一定的优势（Benson & Ziedonis，2010a），但是相比于 IVC，在行政管理、人力资源、资本市场能力等投后管理方面则稍显弱势（Park et al.，2019）。CVC 与 IVC 可以优势互补，为创业企业提供从资金到管理、从技术到市场等的全方位的投后服务，促进创业企业的顺利发展，实现投资的成功退出。

为了降低风险，投资机构还会根据项目进展情况选择对创业企业进行分阶段投资。分阶段投资可以让投资者充分收集信息，实时监控创业企业发展情况，便于随时止损退出（Gompers & Lerner，2001）。从委托代理理论角度分析，分阶段投资可以使投资者在面临不确定性较大的投资项目时，避免代理问题，提高投资决策效率（Kaplan & Stromberg，2003）。在进行分阶段投资时，投资者能逐步发掘到创业企业的价值和存在的问题，通过不断调整投资决策，降低投资损失。交易成本理论认为，分阶段投资会导致 VC 活动的投资成本的增加。在进行分阶段的每一轮投资前，VC 需要再次对企业进行尽职调查，并且与创业企业的谈判和合同的签订过程也需要花费大量时间和资源，因此，分阶段投资对投资者意味着更高的投资成本（Fluck et al.，2005）。针对中国 VC 的投资情况，分阶段投资会使创业企业利用假账来粉饰短期效益以获取下一轮资金支持，但也因此忽略了企业的长期发展，为企业生存埋下隐患。同时，资金的分批注入可能拖延企业项目进度或造成投资不足，进而对投资绩效产生负面影响（李严、庄新田、罗国锋等，2012）。而中国 CVC 活动中，选择分阶段投资比例较低，且母公司战略对基金经理的投资策略影响较大，在实证研究中分阶段投资对投资绩效的影响并不显著（傅嘉成和宋砚秋，2016）。

2.1.3.3 退出投资的决策

在位企业进行 CVC 活动的目的在于获取战略利益，但由于初创企业在发展早期面临较大的风险，因而往往可能在投资过程中"猝死"（Teppo & Wustenhagen，2007）。通过对 IVC 和 CVC 进行对比调查发现，在位企业的组织文化，如对创新的态度、对行业发展的认识等都会影响到 CVC 项目的存续；而在位企业的投资态度，如是否参与尽职调查、是否参与投资决策、对 CVC 项目的管理和评估等则会调节组织文化与 CVC 存续之间的关系（Teppo et al.，2007）。在位企业对 CVC 创新绩效存在一定的预期区间，CVC 带来的创新绩效的增加高于期望水平时，CVC 项目终止的可能性增大；CVC 带来的创新绩效的减少至低于企业期望水平时，也会导致 CVC 项目终止的可能性增大（Gaba & Bhattacharya，2012）。另外，在位企业的组织战略和组织架构配置对 CVC 项目的存续也会产生影响（Hill et al.，2009）。

2.1.4　在位企业的 CVC 投资绩效

CVC 进行投资活动的目标包括财务目标和战略目标。相应的，在考核投资绩效时，也分为财务绩效和战略绩效。目前，CVC 的投资绩效的界定和测量在学术界尚未有一致的标准和方法。

2.1.4.1　财务绩效

首先，作为投资机构，CVC 通过对创业企业上市实现财务收益。在位企业通过向创业企业注入资金、行业和市场资源、管理经验等，提升创业企业价值，推动创业企业发展，达成创业企业的上市或并购，实现 CVC 投资的财务收益。因此，学者们往往采用 IPO 比率来衡量风险投资的财务绩效（李严等，2012；万坤扬，2015；宋砚秋等，2018）。

其次，基于实物期权理论视角的研究认为，CVC 投资会为在位企业提供长期期权，并不需要让企业从现有业务中退出；在位企业所处行业波动性大且企业自身能力很强时，从现有业务退出意味着企业将面临收益更低、成本更大；当行业技术密度高、竞争强度大时，这种负相关效应更为显著（Basu & Wadhwa，2013）。CVC 的投资组合多元化策略与在位企业价值（Tobin'Q）之间存在 U 形关系，而投资的资金约束对两者的关系有积极的调节作用（Yang，Narayanan & De Carolis，2014）。

最后，CVC 的投资动机对在位企业的价值有影响。CVC 投资活动对在位企业的无形资产价值有积极的影响，特别是当在位企业将战略目标作为进行 CVC 活动的动机时，这一影响更为显著（Dushnitsky & Lenox，2005）。学者们对德国 CVC 的研究发现，当 CVC 的活动目标仅聚焦于财务收益或战略收益之一时，在位企业表现得要比同时追求财务收益和战略收益的在位企业更为成功；而其中追求财务收益的 CVC 的投资绩效更优于强调战略目标的 CVC 投资（Weber & Weber，2006）。

2.1.4.2　战略绩效

如前面所述，在位企业进行 CVC 活动的战略动机包括监控和获取新技术、进入新市场、进行外部研发、实现企业持续发展等。其中，在位企业的创新绩效是衡量 CVC 战略绩效的主要指标。

辛燕飞（2009）对中国 55 家上市公司进行 CVC 活动对于专利数量增加率的影响进行了研究，采用上市公司首期投入 CVC 的资金额与上市公司当期总资产的比率来衡量 CVC 的投资强度，研究发现，CVC 的投资强度与企业技术创新绩效之间没有显著的相关关系。鹿溪等（2010）采用因子分析法对上市企业的技术人员比重等指标进行取值，来衡量企业创新能力，研究认为上市企业参与 CVC 活动 5 年后，企业的技术创新能力得到了有效提升。扬等（Yang et al.，2009）对 210 家美国上市企业的 CVC 活动研究发现，CVC 投资的经验强度和经验的多元化对在位企业的新专利申请数量有显著的促进作用。

此外，CVC 的财务目标和战略目标并不是相互对立、完全竞争的关系。针对美国生物医药行业的 CVC 活动样本的实证研究发现，财务收益与战略回报存在互补性，并且当 CVC 活动于技术多元化的创业企业时，这种互补作用更加显著（Kang & Vikram，2011）。

2.2　基于创业企业视角的 CVC 研究

2.2.1　创业企业向 CVC 融资的动机

对于创业企业而言，CVC 与 IVC 对创业企业进行投资的动机、对投资期限和投资回报的要求、机构自身的能力、可以为企业提供的互补性资源等，都存在着显著的不同（Bottazzi，Da Rin & Hellmann，2008）。相比于 IVC，CVC 可以为创业企业引入或拓展客户资源，并提供技术支持，为创业企业进行信誉背书，帮助创业企业建立自身发展的能力（Maula，Autio & Murray，2009）。但 IVC 在帮助创业企业获得充足的资金、招聘雇员、促进企业早期成长等方面更具优势。

创业企业选择向 CVC 进行融资，更重视的是除资金外可以获取企业发展所需的战略资源，如技术知识、研发能力、市场销售网络和行业经验等；通过 CVC 的关系资源，创业企业可以建立与其他在位企业的市场联系，提高创业企业的市场声誉（Kann，2000）。CVC 能为创业企业提供 IVC 无法提供的行业和市场资源（Maula，2001）。CVC 对创业企业的贡献还包括声望效应或企业认证、业务激励、销售渠道、技术研发支持和行业关系（Knyphausen‑Aufsess，2005）。出于企业业务发展和行业影响力提升的考虑，创业企业更倾向于向 CVC 而不是 IVC 进行融资，声望效应和企业认证是创业企业选择 CVC 进行融资的最为重要的因素（Maula，Autio & Murray，2003；Maula et al.，2005）。

2.2.2　影响创业企业进行 CVC 融资的因素

尽管在位企业拥有丰富的行业和市场资源，但是在位企业的主营业务和主要产品可能与创业企业存在竞争和替代关系。如果创业企业与在位企业的业务和产品是互补的，那么创业企业的最优融资对象是 CVC；如果创业企业与在位企业存在温和的替代关系，创业企业的最佳融资对象是 IVC；如果创业企业与在位企业存在强替代关系，同时向 CVC 和 IVC 进行融资是最佳的，IVC 是积极的领导投资者，CVC 是被动的共同投资者（Hellmann，2002）。

学者们（Katila，Rosenberger & Eisenhardt，2008）根据对美国生物、医疗、通信、电子和软件 5 个行业的企业样本进行实证研究发现，当创业企业需要的资源（如资金、制造和销售）只有特定在位企业能提供时，或者创业企业有自己的防御机制（如秘密和时间）来保护自己的核心资源时，创业企业会冒险选择有可能不当占用其资源的在位企业作为融资伙伴。因此，CVC 的投资关系的形成是一个取决于双方资源需求、防御机制和替代伙伴的谈判过程。

产权保护对于创业企业接受 CVC 的股权投资也有着重要的影响，在较弱的知识产权保护地区，如果创业企业的技术发明与在位企业产品是互补的而不是潜在替代关系，这种情况下更有可能建立 CVC 的投融资关系；但在知识产权保护强的地区，行业重叠更有可能形成 CVC 的投融资关系（Dushnitsky & Shaver，2009）。

此外，技术壁垒也影响创业企业向 CVC 进行融资的倾向。在生物制药这样的高门槛行业，拥有较高技术水平的创业企业更倾向于向 IVC 而不是向 CVC 进行融资；当创业企业拥有多种核心产品时，更倾向于向 CVC 进行融资（Kang，2014）。

因此，创业企业与在位企业的产品替代或互补关系、创业企业的资源需求、创业企业的防御机制、知识产权保护水平以及创业企业的技术水平都会对创业企业的 CVC 融资的决策产生影响。

2.2.3　创业企业向 CVC 融资的风险

创业企业向 CVC 进行融资也存在一些风险（Maula et al.，2003）。由于 CVC 在进行投资时很可能追求母公司的战略目标，致力于获取"技术窗口"和"强化能力"（Ernst et al.，2005；Dushnitsky & Lenox，2006；Benson & Ziedonis，2009），对创业企业本身的绩效可能不太关注，从而未能将行业和市场资源注入创业企业，而且创业企业的核心技术可能会被不当利用等（Katila et al.，2008；Dushnitsky & Shaver，2009）。就 CVC 而言，公司投资者和基金管理者可能由于目标的不同，增加潜在的道德风险，特别是如果存在创业企业可能被在位收购的情况，CVC 不一定会寻求创业企业的价值最大化，创业企业的知识产权可能更容易被 CVC 母公司不当挪用（Maula et al.，2003）。解决这些风险的办法主要取决于有利的商业模式和清晰的专利权利界定。

2.2.4　CVC 对创业企业绩效的影响

2.2.4.1　在位企业向创业企业的知识和技术转移

由于多年的知识积累，CVC 的母公司往往拥有极大的有关技术研发、市场、人力资源管理等方面的知识存量。在位企业向创业企业的知识输入能给创业企业提供技术和市场支持（Maula et al.，2009），为创业企业打开战略愿景，弥补创业企业的经验缺乏的不足（MacMillan et al.，2006）。学者们验证了 CVC 融资可以促进创业企业的知识转移和创造。德国学者韦伯（Weber & Weber，2007）对德国 7 个 CVC 项目的调查发现，CVC 与创业企业在社会资本方面的匹配程度，包括认知匹配和情感匹配以及知识关联度等，会影响创业企业创新知识的转移和创造，提升创业企业绩效。在此基础上，韦伯又进一步将社会资本的匹配程度细化为结构维度、关系维度、认知匹配、情感匹配、分享标准和信任，明确了知识关联度是什么和如何建立知识关联度，实证研究同样支持关系匹配（社会资本和知识关联）会促进知识的转移和创造，并积极地影响创业企业绩效（Weber & Weber，2011）。在知识转移过程中，CVC 与创业企业的互补性对其互动有积极的影响，但对创业企业使用不同类型的防护措施有消极影响；使用保护措施对关系的风险和互动都产生消极影响；社会互动对创业企业的学习效益有积极影响（Maula et al.，2009）。

还有学者发现，不同特征的 CVC 会对创业企业能力产生不同的影响。对创业企业而言，最重要的资源是创业导向、发展和实施战略的能力、技术能力和社会资本。技术型 CVC 更有助于增强创业企业的技术能力；创业企业型 CVC 更有助于提升创业企业的创业导向能力；管理咨询类 CVC 更有助于培养创业企业的发展和实施战略的能力；技术型或非技术型 CVC 都有助于提高创业企业的社会资本（Zu Knyphausen-Aufsess，2005）。

2.2.4.2 CVC 与创业企业研发战略、战略联盟关系、品牌建设等

除了知识转移与知识创造，CVC 融资会影响创业企业的研发战略、战略联盟关系、品牌建设以及投资决策等行为。美国学者加洛韦等（Galloway et al.，2017）根据 1997~2007 年 111 家 IPO 的企业样本研究发现，伙伴多元化、国家多元化、功能多元化和行业多元化都会影响创业企业的绩效；如果创业企业具有较高的国家多元化或功能多元化的特征，并且所处多元化联盟关系时，CVC 对创业企业绩效产生积极的影响。俄罗斯学者阿诺欣等（Anokhin，Peck & Wincent，2016）对 207 家有 CVC 支持的创业企业进行实证研究发现，有过向 CVC 融资经历的创业企业在未来进行 CVC 活动的可能性比没有向 CVC 融资过的创业企业高出 2~4 倍；向 CVC 的融资经历中，CVC 占有创业企业董事会席位，会使创业企业未来更有可能从事 CVC 活动；有无 CVC 融资经历对创业企业的组织学习也会产生影响。

2.3 CVC 网络的理论基础

2.3.1 从资源基础观的角度看在位企业风险投资网络的形成

资源基础观的核心思想认为，企业特有的技能、能力，以及其他有形

或无形的资产是企业竞争优势的基础，而这些特有的技能、能力或资产就是企业的资源禀赋。由于外部环境的不确定性，相比于其市场地位，企业的资源禀赋是更具有可持续性的企业竞争优势基础。因此，企业战略的核心在于如何有效利用企业现有的资源禀赋以及获取和发展新的资源禀赋。资源基础观的研究起源于 1959 年英国学者彭罗斯（Penrose）的研究。学者巴尼（Barney, 1991）在总结之前学者研究的基础上，将资源基础观的核心假设总结为：（1）企业间资源分布不均；（2）生产性资源的转移存在成本。因此，有价值的、稀缺的、不可模仿且不可替代的资源是企业获取和维持竞争优势的基础。企业资源的获取和形成往往耗时且具有路径依赖特征，因而资源禀赋是企业特有的和异质的。企业通过形成并使用自身的资源禀赋来创造价值并实现企业的可持续发展（Basu et al., 2011）。

企业可以通过与其他组织建立和发展"关系"来获取外部资源。企业联盟是最为典型的企业间"关系"，其建立需要充分的诱因和合作机会。诱因通常是由于企业需要某些自身不拥有的或获取成本过高的特定竞争资源（Ahuja & Lampert, 2001），机会则受可获得的伙伴数量、所在行业规模、企业能力等方面的影响。企业所处的环境条件和自身资源禀赋都是会影响联盟形成的诱因。在技术快速更替的行业环境和竞争激烈的市场环境中，企业需要不断获取和发展新的资源禀赋，存在强烈的外部合作意愿，从而构建联盟的诱因。而企业自身资源禀赋强大也会吸引更多的合作伙伴，增加合作的机会（Ahuja & Lampert, 2001）。企业联盟可以降低成员间信息不对称，减少交易成本，允许成员接近和发展新的资源，从而克服企业资源交易中的问题（Kogut et al., 2007）。企业联盟为企业提供较大的战略弹性，相对于内部研发和并购而言，企业联盟通常涉及组织内资源较小，当环境条件发生变化时，企业进行战略调整较为容易且成本较低。企业联盟使成员能快速获得所需资源，增加企业学习的效率、提升资源再配置和发展的速度。

CVC 联盟是一种正式的联盟关系（万坤扬，2015）。通过少量股权投资，在位企业通过 CVC 快速获取外部创新企业资源（Keil, 2000）和开发利用现有资源（Makela & Maula, 2006）。CVC 为在位企业提供了巨大的战略弹性（Basu et al., 2011）。从投资行为来看，CVC 用相对较少的资金和管理资源投入创业企业进行探索性创新活动（Li & Mahoney, 2011），通过战略性地选择创业企业组合来增加所获取资源的种类并降低风险（Allen & Hevert，2007）。在投资过程中，CVC 与其他投资机构建立联合投资联盟，联盟关系相对稳定，联盟内通过信息分享，可以有效扩大投资范围，快速获取高质量投资信息，降低投资成本，提高投资收益（罗家德、曹立坤和郭戎，2018；杨敏利等，2018；董建卫、施国平和郭立宏，2019）。

2.3.2　从网络信号理论角度看 CVC 网络位置和绩效

网络是企业间信息流动的渠道（Burt，1992；Uzzi，1997），能够反映企业的资源质量。学者凯尔等（Keil et al.，2010）基于美国 1996~2005 年间 358 个 CVC 机构的数据，采用动态面板回归模型研究发现，先前处于联合投资网络中心位置很大程度上意味着未来也将处于网络的中心位置，该结果支持了社会资本理论，但过去中心位置与 CVC 的资源存在负相关关系，意味着 CVC 的资源能够替代缺乏先前网络中心位置的不足，在联合投资网络中快速获得网络中心位置。

联合风险投资虽然可以带来诸多益处，但其形成过程中却面临着合作冲突、协调成本高等各种难题（Zhang，Gupta & Hallen，2016）。究其根本，潜在联合伙伴间因信息不对称而造成的逆向选择风险是主要原因之一（Hopp，2008）。信息不对称不仅会导致 VC 故意粉饰（window dressing）自身筛选项目和增值服务的能力，还会造成潜在合作对象无法准确评估 VC 的质量，故而降低联合投资最终形成的可能性（Gu & Lu，2014）。为了缓解逆向选择风险，VC 可以参与各种高成本且难以模仿的活动，用以向风投市场发送信号（signaling），表明自身品质与能力，增强对其他 VC 的吸引力，最终促成联合投资（Hopp，2008）。例如，建立较高行业声誉、参与风险投资市场重大事件（如参与企业 IPO）等都能发送 VC 的品质信号（Pollock et al.，2015）。学者波多利内（Podolny，2001）在其经典论文中对网络信号进行了系统阐述，他认为，由于网络联结的建立和维护需要耗费高成本，所以风险投资机构网络就犹如一块具有信号发送功能的棱镜（prism），外部行动者能够借此将不同质量的 VC 区分开。如果 VC 位于投资机构网络中心位置，则表明其具有优异的内在质量，进而可以降低联合投资伙伴逆向选择的概率（Podolny，2001）。学者迪莫夫（Dimov & Milanov，2010）基于波多利内（Podolny，2001）的理论思想，采用美国风险投资市场的数据研究发现，当投资不熟悉行业时，在投资机构网络中占据中心位置的 VC 对其他 VC 更具吸引力，借此可以提高联合投资形成的可能性。针对中国风险投资市场的研究同样证明 VC 嵌入投资机构网络中心位置可以促进联合投资形成（Gu & Lu，2014）。此外，国内外学者（Sorenson & Stuart，2001；Hochberg et al.，2007；Guler & Guilleén，2010；Ozmel et al.，2013；党兴华等，2011；杨敏利和党兴华，2014；周伶等，2014；冯冰等，2015；蔡宁和何星，2015）虽然没有直接分析 VC 网络位置对联合投资形成的影响，但均证实了网络位置具有信号发送、缓解信息不对称的作用。

2.3.3 从知识基础观和组织学习角度看 CVC 网络关系

相对于资源基础观，知识基础观（knowledge based view，KBV）采用了一种更加开放和动态的视角来研究企业（湛正群和李非，2006）。知识基础观将企业的知识从资源禀赋中分离出来，认为知识是企业最重要的资源，企业的产生是为了占有知识并对已有知识进行整合、扩散、创新，进而产生新的知识。在知识基础观中，企业是承载知识的实体，是一个知识处理系统，其竞争优势源自企业拥有的异质性知识基础（Grant，1996）。对任何组织来说，知识都是其关键的、核心的和主要价值的资源。

知识本身可以分为显性知识和隐性知识。显性知识能够被记录、编码、转移，虽然可以通过专利等产权保护手段进行保护，但仍易于交易和理解，只能为企业提供短期的竞争优势。而隐性知识是隐含于行动之中且与具体的环境密切相关的，主要源自经验，如技巧和直觉（Grant，1996b）。隐性知识形式表现为完全嵌入个体，在企业的时间和经验中，通过执行来表达（Johannessen & Olsen，2003）。隐性知识往往是主观的和不易察觉的，很难被编码、模仿、进行转移。因此，隐性知识是企业核心能力的来源，是企业获取可持续竞争优势的前提。企业需要持续不断地监控市场和技术的变化以避免被取代。

新技术知识往往是缄默知识，通常比较复杂和难以交流。组织学习和获取关键新知识的压力会激发企业建立 CVC 项目。CVC 项目使得在位企业能够获取创业企业的缄默技术知识，因为 CVC 项目给母公司直接接触创业企业雇员的可能性，如共同研发项目、定期例会等。此外，CVC 项目有助于探索性学习，帮助母公司快速接触创业企业的新知识，从而避免耗时耗力的内部 R&D（Schildt，Maula & Keil，2005）。

随着知识经济的到来，知识更新速度日益加快，企业不能仅仅依靠内部的知识积累，更早地接触或获取新兴技术能够使企业有效地对可能的技术威胁做出响应（Maula et al.，2003）。一系列的研究也显示，仅通过内部研发产生创新非常困难（Tushman & Anderson，1986），创新要求大量整合存在于不同主体的不同的知识资产。企业发现并捕获有价值的资源的动态能力往往与探索企业外部的知识并与企业内部知识整合有关。

从组织学习的角度，CVC 作为在位企业进行创新搜寻的工具之一，有助于在位企业和创业企业之间的组织学习。一方面，在位企业面临战略惯性的问题，缺乏快速创新的知识储备（Dushnitsky & Lenox，2005），并且这种创新很难通过内部知识发展获取。通过 CVC 进行投资活动，在位企业可以针对性地学习有价值的、稀缺的和难以模仿的有关新技术或新市场的知识，以获取可持续的竞争优势。学者凯尔（Keil，2008）对欧洲信息通信技术行业两个大公司进行了案例研究，分析在位企业如何通过构建外部创新能力，以适应战略发展要求，应对外部环境的不确定性。研究发现，在位企业通过体验式学习和探究式学习来实现外部创新。但是，局部信息搜索可能造成"学习近视（the myopia of learning）"，知识存量缺乏将导致渐进式创新或退化（Baum & Silverman，2004），产生"熟悉陷阱、成熟陷阱和临近陷阱"，从而阻碍在位企业进行突破性创新（Ahuja & Lampert，2001）。因此，在位企业致力于拓展远距离搜寻和探索性学习活动，通过 CVC 来超越组织边界从外部学习。CVC 活动是企业开展远距离探索性搜寻的重要方式之一，其外部研发创新效率更高（Fulghieri & Sevilir，2009）。另一方面，创业企业的诞生是基于新发明和技术创新（Lerner，2002），但创业企业往往缺乏行业和市场资源来将这些新技术商业化。技术商业化是一个复杂、多学科的过程，因而创业企业需要通过 CVC 融资来获取外部行业和市场的知识资源（De Carolis，Litzky & Eddleston，2009），以实现新技术的商业化，并建立自己发展壮大的能力。

CVC 通过投资活动可能会使在位企业与创业企业产生协同效应。但由于双方的竞合关系，也可能对双方产生消极影响。学者们对美国生物制药行业进行实证研究发现，CVC 的投融资关系积极地影响了在位企业与创业企业的技术收益，但在位企业与创业企业之间的技术关联度对这种积极关系有消极影响，而创业企业的技术成熟度能够增强这种积极关系（Kang，2014）。而针对美国信息与通信技术行业的实证研究发现，CVC活动中投资的创业企业数量与在位企业技术创新之间存在倒"U"形关系，创业企业的治理结构、技术多元化对两者关系有调节作用（Kim et al.，2011）。

2.3.4 从社会网络分析角度看 CVC 的投资绩效

学者们运用社会网络理论，将投资机构作为网络节点，联合投资关系作为连接关系，运用社会网络分析方法研究联合投资网络对风险投资机构投资绩效的影响。现有研究主要集中于网络位置对投资绩效的作用进行研究，认为网络位置是风险投资机构重要的网络特征，处于网络中的有利位置可以使投资机构占据信息和资源获取、资源共享、信号传送、组织学习等优势，从而提高投资绩效（Alexy et al.，2012；Jaaskelainen，2012；Tian，2012；党兴华、董建卫和杨敏利，2012；Jaaskelainen & Maula，2014；Liu & Chen，2014；周伶、山峻和张津，2014；Bottazzi，Da Rin & Hellmann，2016；金永红和章琦，2016；罗吉、党兴华和王育晓，2016b）。这些研究将网络位置视为外生变量，从网络结构对投资机构的外生条件影响的角度，解释了风险投资网络性质与投资绩效之间的影响关系。而有关于CVC网络属性研究的文献则较少。

2.3.4.1 网络关系

在社会网理论中，从网络关系维度来描述网络属性的指标包括关系质量、关系持久度和关系强度（Granovetter，1985）。

网络关系的质量即合作对象的权力和地位，通常采用波纳西茨权力指数（Bonacich power）或特征向量中心度（eigenvector centrality）来测量。与地位高、权力大的利益相关者建立合作关系可以提高风险投资网络关系的质量，从而有助于提高投资绩效（Abell & Nisar，2007；Hochberg et al.，2007）。例如，与成熟公众企业建立良好的关系可以提高风险投资网络的关系质量，为创业企业提供它们所需要的其他资源，从而有利于提高风险投资绩效（Lindsey，2008）。

网络关系持久性是衡量网络关系稳定性的一个重要指标。风险投资机构通过长期的业务运营与利益相关者结成的关系具有一定的持久性，这种持久的关系能增强彼此间的信任，使得风险投资机构在风险投资网络中提高自己的信誉度，并对投资绩效产生正向影响（Nahata，2008）。同时，良好的信誉度又会反过来影响风险投资机构参与联合投资的程度。总的来说，信誉越高，风险投资机构参与联合投资的动力就越小；而联盟中其他风险投资机构的信誉度越高，风险投资机构参与联合投资的动力就越大（De Clercq & Dimov，2008）。

网络关系的强度是指关系的紧密度及亲密性。机构间信息交换的频率和质量越高，网络关系的强度就越大（De Clercq & Sapienza，2006）。因为网络关系强度可以评估关系的可靠性，帮助减少监督成本（Granovetter，1985），并有利于通过网络对创业企业进行人力资源管理，因而与亲密的伙伴合作、有较大的网络关系强度可以提高投资绩效（De Clercq，2011）。

2.3.4.2　网络社群

目前对风险投资网络结构的研究都是基于社群网结构，即风险投资机构所处的"小社会"环境，尚且没有基于整个行业网络结构的研究。整个网络是由多个"社群"构成，社群内节点间的连接相对紧密，社群间的连接相对稀疏（Girvan & Newman，2002）。分析社群结构，对于深入了解网络结构与个体行为特征是非常重要的。

在 VC 网络中，社群的形成是基于联合投资的合作关系，网络社群属于一种空间聚集，在合作伙伴的选择上，机构一般会有一定的偏好（Bubna，Das & Prabhala，2011）。由于担心被套牢或者伙伴的"搭便车"行为，VC 更倾向于与熟悉的伙伴联合，以降低伙伴间的信息不对称，增强互惠性，从而减轻了投资不足的问题，提高投资绩效（Bottazzi，Rin & Hellmann，2011）。有关我国风险投资伙伴选择偏好方面的研究较少，潘庆华等（2006）从研究联合投资偏好动因出发，论证了联合投资，促使了风险投资网络的形成；彭华涛等（2005）基于联合投资的社会网络效应的价值溢出，来研究联合的偏好；王雷（2011）基于对风险投资机构伙伴选择偏好的影响因素分析构建了伙伴选择评价模型等。这些研究的结论大都与国外同类研究一致。

在社群识别方面，2004 年已经有学者的研究开始涉及网络社群的概念，使用派系分析方法对基于 1 126 家美国 CVC 机构所形成的网络结构进行识别，结果发现存在 1 218 个相互重叠的派系，由此得出风险投资网不具有凝聚性的结论（Zheng，2004）。国内王艳等（2010）应用同样的方法对我国联合风险投资网络进行研究，也得出了类似的结论，认为我国联合风险投资网络具有非凝聚性的特点。周育红（2013）在针对中国风险投资网络动态演进的实证研究中，分别从子群内外关系、互惠性、可达性和直径、点度数来分析重叠的凝聚子群，得出结论认为，风险投资网络分裂为两类：低凝聚力区域和高凝聚力区域。

实际上，学者们早已认识到派系分析法下识别出的子群或派系规模都较小，而且存在明显的相互重叠，尤其是针对存在上百个节点的大网络的研究，常常会有大量的子群或派系相互重叠，派系的研究已失去必要的意义。风险投资网络往往涉及上百个机构节点，属于大网络，因而其重叠社群识别的意义是非常有限的。学者吉万等（Girvan et al.，2002）开创性地提出了探索网络非重叠社群的新方法：Girvan-Newman 算法。该方法能够对现实大的复杂网络结构进行可靠与精确的验证，因而现有部分风险投资网络研究使用该算法开始转向非重叠社群识别方面。学者布勃纳（Bubna，2011）基于对美国风险资本市场的数据，应用适宜于大网络分析的非重叠Girvan-Newman 社群识别算法，对美国风险投资网络社群进行了识别，发现美国联合投资网络中存在广泛的网络社群现象，并具有相对稳定的结构演变趋势。金永红等（2016）运用非重叠 Girvan-Newman 识别算法，针对我国风险资本市场所构建的以联合为基础的和以地域结合行业为基础的两类风险投资网络进行了社团结构识别。罗吉等（2016）应用基于模块性优化指标的 Girvan-Newman 凝聚算法，识别了我国的风险投资网络社群，发现我国联合风险投资网络中存在明显的网络社群结构，并且凝聚趋势愈发显著。

更多的现有研究表明，处于社群内部的投资机构具有更好的投资绩效，学者们主要从三方面进行了分析验证。首先，社群内的关系极为密切，与社群外相比，社群内在资源、知识、信息等方面具有更为均匀化的局势分布。风险投资机构进行必要技能的获取更为容易和便捷。其次，熟悉伙伴集聚存在于网络社群中，可使信息不对称化现象有效下降，并可使合作双方之间的信任感得到有效的增强，双赢行为发生概率得到提升，从而促使机构加强自身的努力和建设，免除后顾之忧。著名社会学家格兰诺维特（Granovetter）通过不断研究于 1985 年提出，机构对于信息流的获取更加偏向于从所信任的信息源来实现，因而对于风险投资机构而言，熟悉伙伴评估的价值、意义是极高的。金永红和章琦（2016）研究发现，中国风险投资主要集中在经济发达地区，如北京、广东、上海以及江苏等，在同一地区子网络内部，投资相同行业的 VC 之间联系紧密，在不同子网络中且投资于相同行业的 VC 则相对稀疏。最后，风险投资机构借助网络社群不但可实现"强联结优势"的获取，充分开发利用共享于群内的信息、资源；还将"弱联结的力量"加以保存，从而拓宽信息、资源获取的来源。学者古拉蒂（Gulati，1995）研究认为，机构在采用联合投资形式时，会促使其与熟悉伙伴关系更为紧密，从而使信息沟通、传输得以形成社会资本。但是若在寻求联合时，采用同一模式反复联合同一伙伴，缺乏创新性，将导致"弱联结的力量"丧失，引起社会资本的下降，同样会对异质性信息的获取造成重要阻碍。石琳等（2017）认为，风险投资网络社群保证了机构伙伴之间共同进行信息资源共享、共同识别投资机会的可能，这种具有较高聚集度的社群也帮助全部成员共同适宜地获取社群外的异质性信息和资源，有利于投资机构对风险项目进行筛选、评估、监督，还能提高价值增值服务。

综上，对于 CVC 机构而言，加入联合投资网络，并在网络中保持与社群的紧密联系，有利于获取社会资本和进行资源互换，进而促进其投资绩效的提升。

2.3.4.3　网络位置

网络位置的衡量指标主要有节点的中心度和结构洞。

中心度是行动者在网络中"权力"的指标，是行动者的网络伙伴的数量。在风险投资网络中，高中心度代表了投资机构在行业中的核心地位，低中心度则代表边缘位置。高中心度对机构投资绩效的影响主要有以下表现。首先，联合风险投资网络中，互惠投资邀请是机构间普遍的合作行为（Ferrary，2010）。中心度高的投资机构因与其他机构关系密集，获得互惠的项目邀请的机会更大，能够接触到更多项目；同时优质的风险项目往往主动邀请中心度高、影响力大的机构投资，以此获得信誉和项目质量的"认证"。其次，中心度高的投资机构，在网络中有着广泛的信息渠道，一方面能够获得更多的"第二者意见"（second opinion），降低项目选择的不确定性；另一方面使得他们能够在投资前更好地实施尽职调查（Ozmel，

Robinson & Stuart, 2013), 从而有效降低项目选择过程中信息不对称程度, 避免逆向选择的发生。最后, 网络的一大特征就是资源共享, 联合投资网络便利了风险投资机构对信息、资源的共享。中心度高的风险投资机构与其他组织连接多, 地位高会有更多机会获取更多的资源为风险企业提供增值服务, 不仅能提高风险企业获得后继风险基金支持的机会, 还能间接向风险企业推荐众多与其他风险投资机构有联系的增值服务机构, 如著名投资银行、会计中介、律师中介等 (Ferrary, 2010)。

结构洞是测度网络信息效率的重要指标, 网络中介位置一般用所占据的结构洞的多少来进行衡量 (Burt, 1992)。网络中介位置是网络关系中的关键位置, 处于相同网络中的成员之间有相互沟通的需求, 若没有直接的沟通渠道, 则必须通过占据中介位置的行动者的媒介作用才能加以满足, 从而产生成员之间的信息资源的互动。结构洞能为其占据者带来信息的控制权, 因此, 占据结构洞位置的网络行动者比其他成员更有网络信息优势 (Burt, 1992)。风险投资机构占据投资网络的结构洞位置, 一方面有利于自身获取网络信息, 提升项目鉴别和评估效率; 另一方面, 可以凭借信息优势, 帮助创业企业与其他创业企业开展合作, 甚至缔结战略联盟 (Lindsey, 2008)。同样, 处于结构洞位置的 CVC 机构, 有利于跨组织的知识转移和创新, 从而为在位企业和创业企业提供异质知识, 促进创新效率 (Weber, 2009)。

学者研究发现, 风险投资机构占据的网络位置越好, 投资绩效就越好 (Abell & Nisar, 2007; Hochberg et al., 2007)。网络位置相同的风险投资机构之间合作很少 (Hopp, 2008)。新的风险投资机构的网络位置通常由公司创始人社会资本和社会地位、公司的资源禀赋、与有声望的风险投资机构的关系、投资绩效、追寻投资机会的紧迫感和努力程度这五个因素共同决定 (Fund et al., 2008)。而 CVC 机构由于天然具备母公司的资本和行业地位, 比其他类型的风险投资机构更容易获得较高的网络中心度, 而且能更快地接近网络中心的位置 (Ewens, Jones & Rhodes-Kropf, 2013)。

2.4 简要评述

传统的创新研究聚焦于企业内部研发对企业创新的影响。随着技术的发展和市场环境的剧烈变化，获取外部创新能力越来越成为企业创新的关键。CVC 作为外部创新的重要方式，是联结产业资本和技术创新的重要中介。近年来，CVC 在全球快速发展。国内外学者对 CVC 的研究也越发关注和投入。从理论和实证方面对 CVC 的投资活动和投资绩效做了严谨和细致的研究，对理解和指导 CVC 的实践活动作出了卓越的贡献。随着研究的不断深入，研究体系日益丰满完善。

2.4.1　研究视角：从简单"二元"研究逐步转向"多元"研究

CVC 的发展处于实践先行、理论滞后的状态。相较而言，国外 CVC 发展时间较长，相关研究较为深入。国外学者分别基于在位企业的视角和创业企业的视角对 CVC 进行了大量的研究。学者们重点研究了 CVC 的绩效及相关影响因素，特别是 CVC 进行投资活动的动机或目标中最为重要和核心的创新绩效，对价值创造方面的财务绩效更是进行了大量的实证研究。学者们还将 CVC 作为创业企业的融资渠道，对比 IVC 对创业企业的影响差异进行了对比分析。

国内学术界对 CVC 的研究刚刚兴起，研究整体尚处于探索阶段和起步阶段，研究的主要思路和框架还是延续 IVC 的研究，并未形成针对 CVC 特征的研究框架和体系，研究成果还不足以对中国 CVC 的投资实践提供支持和指导，限制了中国 CVC 的实践活动。

现有的研究几乎都是基于"二元"视角进行的，即"在位企业—CVC"或"CVC—创业企业"。这样的研究割裂了 CVC 各主体在社会中的联系，对 CVC 经济行为的解释力度非常有限。万坤扬（2016）开始尝试引入"CVC 投资公司—CVC 项目—创业企业"的三元分析框架，为进一步从多元视角研究 CVC 打开了研究思路。

2.4.2　研究层次：从网络内向网络间拓展

目前关于 CVC 的研究主要集中于 CVC 个体的微观角度，着眼于 CVC 机构在单一网络内的网络特征对其行为的影响作用。然而 CVC 各主体并不是割裂地独立存在于唯一社会网络中，而是同时还和其他主体发生各种关系，嵌入多重社会网络，多重网络相互影响、共同作用。因此，需要将研究的层次从网络内研究推进到网络间关系的研究，系统考察社会网络对于经济主体的影响机制。

2.4.3　研究方法：从计量模型到引入社会网络分析

在对 CVC 进行的实证研究中，学者们主要利用专业数据库获取研究数据，采用纵向数据及相关研究进行实证研究。学者们实证研究 CVC 的投资绩效时，主要采用负二项回归、Logistic 回归、多重 Logistic 回归、Tobit 回归、二元 Logit 模型以及多元线性回归模型进行实证研究。国内学者在实证方法上主要采用多元线性回归的方式，造成研究结论"非是即否"。

也有学者将社会网络分析方法引入 CVC 研究，开辟了网络视角下 CVC 的研究思路（Zheng，2004）。目前，从社会网络角度进行 CVC 的研究较少且分散。系统性进行 CVC 的社会网络分析，对于弥补 CVC 研究空白、指导 CVC 实践均有重要意义。

2.5　小结

通过对 CVC 研究已有文献的梳理和综述，本章较为全面地介绍了国内外 CVC 的相关研究理论和研究现状，为接下来要进行的研究奠定了理论基础。本章分别从在位企业视角、创业企业视角和社会网络视角三个方面对相关文献进行了全面的回顾。

第一节基于在位企业视角，对 CVC 的投资动机、影响因素、投资行为及绩效等方面的研究成果进行了梳理。总体而言，CVC 与 IVC 的区别在于其母公司战略目标的影响，使得其投资动机和投资行为具有区别于其他投资者的特点，进而考核 CVC 投资绩效也需要从财务目标和战略目标两个维度对其进行衡量。

第二节基于创业企业融资视角，对创业企业向 CVC 进行融资的动机、影响创业企业进行 CVC 融资的因素、向 CVC 进行融资的风险，以及 CVC 对创业企业绩效的影响等方面的研究视角和研究成果进行了阐述。CVC 的行业资源、市场资源、信誉背书等资源优势是创业企业选择向 CVC 进行融资的主要原因，然而由于母公司具有非金融的主营业务，双方可能存在竞争关系，从而导致创业企业的核心技术被不当利用和挪用，形成创业企业融资的最大顾虑和风险。

　　第三节综述了社会网络在 CVC 研究中的应用。目前，对 CVC 社会网络的研究主要基于资源基础观、知识基础观、网络信号等理论，对 CVC 的投融资活动中各方利益相关者之间的联盟关系进行分析，引入网络指标作为外生变量，对 CVC 的投资绩效的影响机制进行研究。

　　第四节对已有研究进行简要评述。随着对 CVC 研究的不断深入，简单的"二元"研究的解释力度显然已经不足。社会网络分析方法的引入，为 CVC 研究打开了新的研究视野，不仅从理论上更加系统动态地解释了 CVC 这一经济行为，而且提供了更精确的方法来定量衡量经济环境和社会资本等外部条件，为深入系统地研究 CVC 战略绩效奠定了基础。

　　本书聚焦于中国 CVC 活动所处的多重社会网络环境，研究其对投资绩效的影响机制。通过对国内外文献进行深入梳理，对 CVC 活动过程中各主体间的关系进行分析整理，构建 CVC 多重网络，从战略管理和组织学习等角度，提出基于多重网络结构的 CVC 的资源和知识流动的分析框架，探讨中国 CVC 的多重网络特征及其对投资绩效的影响机制。

第 3 章　CVC 联合投资网络的构建、特征及演化

创业精神被认为是社会创新的关键来源。与 IVC 相比，CVC 不仅可以培养企业家精神并促进新企业的发展，而且可以提高在位企业的创新和财务利益（Dushnitsky & Lenox，2005；Dushnitsky & Lenox，2006；Alvarez-Garrido & Dushnitsky，2016）。

CVC 从 20 世纪 80 年代开始繁荣起来，并在美国的发展中扮演着越来越重要的角色。2018 年，美国 CVC 投资机构参与了 1 800 多个风险投资项目，占美国风险投资总数的 25%，总交易规模超过 770 亿美元。[①] 从全球分布来看，亚洲的 CVC 的投资活动呈现稳定的增长趋势，并逐渐取代欧洲成为世界第二大 CVC 的目标投资区域。在中国，CVC 已成为创业公司的重要资金来源和战略指导者。自 1998 年以来，中国 CVC 活动金额和投资创业企业数量均迅速增长。2018 年，中国 CVC 参与的投资规模超过 30 亿美元，约占中国全部风险投资金额的 17%。[②] 大量的 CVC 活动有助于解决中小型技术企业的融资困境，助力传统行业企业的转型升级，以及为中国经济转型中的企业打造创新战略。然而遗憾的是，截至目前，CVC 行业的结构和发展状况及规律尚不清晰。

CVC 行业在某些方面与传统 IVC 显著不同。其中最值得注意的是，企业投资者可以使用 IVC 所缺乏的大量的企业互补性资产，如技术知识和行业资源（Dushnitsky & Lavie，2010）。CVC 可以利用母公司和其他与其自身或母公司有"关联"的机构的资源。同时，CVC 的投资行为通常受在位

---

① National Venture Capital Association. National Venture Capital Association 2020 Yearbook ［R/OL］. ［2020 – 03 – 31］. https：//nvca. org/wp-content/uploads/2020/04/NVCA-2020-Yearbook. pdf.

② 清华大学五道口金融学院.《2019 中国 CVC 行业发展报告》正式发布 ［EB/OL］. ［2020 – 01 – 14］. https：//www. pbcsf. tsinghua. edu. cn/info/1154/3060. htm.

企业战略目标的影响和激励（Roberts & Berry, 1985；Florida & Kenney, 1988；Chesbrough, 2000；Keil, 2000；Dushnitsky & Lenox, 2006），与 IVC 呈现出不同的特征。

近年来，学者们开始重视从社会网络的视角对 CVC 进行研究。从网络构建方面，自中心合作网络（吴菲菲等，2018；Belderbos et al., 2018）、联合投资网络（Baierl et al., 2016）、连锁董事网络（Noyes et al., 2014）是学者们研究的热点。研究发现，联合投资网络可以反映 CVC 行业内的竞合关系（Baierl et al., 2016），因此，本章研究基于联合投资网络来分析 CVC 行业的结构和发展。

本章构建了中国 CVC 的动态联合投资网络，分析其属性和演变特征，并研究 CVC 网络的影响机制及发展路径，了解中国 CVC 产业的结构特征和发展规律。理论层面上，通过将社会网络分析引入 CVC 研究领域，探索了我国 CVC 的行业环境和行业发展规律。实践层面上，对在位企业进行 CVC 活动提出了策略建议，并且为制定监督和推进 CVC 行业发展的政策提供了重要依据。

3.1　研究背景

3.1.1　联合投资策略及联合投资网络

联合投资是风险投资（Venture Capital, VC）行业的显著特征之一（Florida & Kenney, 1988；Sorenson & Stuart, 2001），是一种企业间联盟的重要形式，即两个及以上的风险投资机构共同投资于一家创业企业并共享收益（Wright & Lockett, 2003）。学者们普遍认为，风险投资机构进行联合投资有助于提升绩效。进行联合投资可以分散投资风险（Lockett & Wright, 2001），获取更多的投资项目（Sorenson & Stuart, 2001；Cumming, 2006），增加资本力量和影响力（Podolny, 2001），扩大经营范围（Sorenson & Stuart, 2001），并限制了 VC 行业的竞争性新进入者（Hochberg, Ljungqvist & Lu, 2010）。通过联合投资，VC 机构之间建立频繁合作关系，为被投资企业提供更全面更丰富的资源和商业指导，同时还可以争取后续的合作机会（Lockett & Wright, 2001；Hochberg et al., 2007；Dimov & Milanov, 2010b; Ferrary, 2010; Hopp & Rieder, 2011; Hochberg, Lindsey & Westerfield, 2015; Zhang et al., 2016)。

将社会网络理论引入 VC 联合投资的研究，为风险投资行业研究和创新研究打开了新的研究视角。任何风险投资机构都或主动或被动地置身于网络环境中，从中寻找投资机会并分散投资风险，并通过引入网络社会资本进而最大化创业企业的价值以提高其投资绩效 (Abell & Nisar, 2007; Hochberg et al., 2007; Hochberg et al., 2010; Ewens et al., 2013)。与其他网络成员保持紧密的社会关系，最明显的好处是建立相互的信任关系，形成行为规范，并对机会主义产生约束 (Yang, Li & Wang, 2018)。高质量且稳定的风险投资网络有利于区域创新资源的有效配置和区域创新经济的发展 (Ferrary & Granovetter, 2009; Weber, 2009; Hopp, 2010b; Hopp, 2010a; MacLean, Mitra & Wielemaker, 2010; Kenney, 2011; Weber & Weber, 2011)。

在联合投资网络中，VC 机构所处的网络位置决定了机构所能控制的网络资源和获取网络信息的能力，进而会影响机构的绩效。中心度用于衡量 VC 机构在网络中的资源和"权力"，中心度的提高可以增强 VC 机构对其社会网络资源的控制并提升其财务绩效 (Abell & Nisar, 2007; Hochberg et al., 2007)。结构洞用于衡量 VC 机构在网络中的联络地位和控制信息传递的能力，然而结构洞位置占优并不利于建立信任和遏制机会主义，会导致投资绩效下降 (Yang et al., 2018)。

最近的一些研究已经开始尝试加入了时间因素从自中心网络和整体网的视角来研究 VC 联合投资网络的动态演变 (MacLean et al., 2010; Prashantham & Dhanaraj, 2010; Hopp & Lukas, 2014; Hochberg et al., 2015; 金永红, 2016; 罗吉, 2016; 曹婷和李婉丽, 2020; 王曦、符正平、林晨雨和罗超亮, 2020)。一些学者研究发现，中国 VC 网络的拓扑结构在随机或有意的攻击下均很稳健，网络呈现出小世界性质，并且没有占主导地位的 IVC 作为网络中心枢纽 (Jin, Zhang & Li, 2016; Gu, Luo & Liu, 2019)。

3.1.2　CVC 网络研究

CVC 的研究兴起于 20 世纪 80 年代。经过多年的发展和积累，CVC 的研究逐步从"在位企业—CVC""CVC—合作机构""CVC—创业企业"的二维研究视角,逐步拓展到"在位企业—CVC—创业企业""在位企业—CVC—合作机构""CVC—合作机构—创业企业"等的三维研究视角。

社会网络分析为 CVC 研究提供了一个全新的系统研究视角。学者们基于 CVC 的不同合作方式,从自中心合作网络(Belderbos et al.,2018;吴菲菲等,2018)、联合投资网络(Baierl et al.,2016)、连锁董事网络(Noyes et al.,2014)等角度对 CVC 的投资动机、投资策略、投资行为、投资绩效、创新机制等进行了研究和探索。

CVC 的投资动机具有投资绩效和实现母公司战略目标的双重特征。身处于技术变化迅速、竞争强度高、可分配性较弱的行业中的在位企业,以及自身拥有强大技术和营销资源的在位企业往往会更多地参与 CVC 活动(Sahaym et al.,2010;Basu et al.,2011)。在过去的几十年中,随着高科技产业的兴起和技术的飞速发展,越来越多的老牌企业开始从事 CVC 投资活动。CVC 可以通过多种方式来提升在位企业的未来增长价值(Dushnitsky & Lenox,2006;Lin & Lee,2011)。其中,包括董事会、首席执行官和机构所有权在内的公司治理因素对于 CVC 活动很重要(Anokhin,Peck & Wincent,2016a),足够的结构自主权会对探索性创新产生积极影响(Lee et al.,2018)。在连锁董事网络中,具有较高中间性(即在获取信息方面具有较高的全球地位)的公司,更有可能通过网络积累 CVC 相关的实践信息,有利于自身开展 CVC 活动(Noyes et al.,2014)。

CVC 通过少量股权投资与被投资企业建立并维持结盟关系(Weber & Weber,2011;Belderbos et al.,2018)。作为在位企业追求组织间学习和接触新技术、新市场的一种越来越重要和普遍的手段,CVC 通过与其他投资机构进行联合投资,形成适当多元化的创业企业投资组合,可以最大化提升母公司的创新绩效(Keil et al.,2008;Dushnitsky & Shaver,2009;Benson & Ziedonis,2010a;Gaba & Bhattacharya,2012;Wadhwa et al.,2016)。

从投资策略来看,CVC 与创业企业之间的互补性对在位企业的学习效益有积极作用(Maula et al.,2009;乔明哲、张玉利、张玮倩和虞星星,2017)。CVC 的行业、区域、阶段多元化投资策略对其财务和创新绩效的提升有显著正向效应(万坤扬,2015;宋砚秋等,2018)。结合"CVC—在位企业—投资组合"三维视角的社会网络研究表明,CVC 网络会促成知识的传播和转移,但随着时间的推移,网络反而会阻碍知识流动,形成网络内的知识"锁定效应"（万坤扬，2015a；Basu，Phelps & Kotha，2016；Belderbos et al.，2018；Lee et al.，2018）。

CVC 的显著特征之一是更倾向于与其他投资机构进行联合投资，以分散风险、获取资源、扩展信息，以及进行组织学习（Abell & Nisar，2007；Hochberg et al.，2007；Hochberg et al.，2010；Ewens et al.，2013；Cheng & Tang，2019）。根据私募通数据库中投资事件计算，VC 行业平均联合投资比例为49%，而 CVC 的联合投资比例达到66%。作为一项重要的投资策略，超过80%的企业投资者都倾向于进行联合投资（Anokhin，Örtqvist，Thorgren & Wincent，2011）。而 IVC 也更愿意选 CVC 为合作伙伴，因为 CVC 拥有技术知识和行业资源的天然资源禀赋，可以增加投资成功的可能性（Cheng & Tang，2019）。

联合投资网络是一种典型的社会网络，反映了 CVC 行业内的竞争与合作关系（Baierl et al.，2016）。引入社会网络分析后，学者们对 CVC 行业结构及影响机制有了更进一步的研究。学者（Zheng，2004）基于对美国 CVC 网络结构的研究发现，当 IVC 占据了网络中的核心位置时，CVC 联合投资网络并不具有凝聚性和显著性。但是，由于该研究数据是在2002年之前收集的，因此，对当前的实践指导意义不大。从社会网络的角度来看，社会资本是嵌入在社会网络之中的。学者拜尔等（Baierl et al.，2016）探讨了 CVC 机构在联合投资网络中的网络位置对其创新能力和随后的财务绩效的影响，该研究证实了在 CVC 联网投资网络中，中心度与企业创新性是正相关的，然而当其隶属于受限子群时，其创新性会受到抑制。因此，CVC 机构应该从战略上重视并管理其在社会网络中的位置，以提高其创新和财务绩效。

中国的制度、法律、文化、经济环境具有独一无二的中国特色。而中国 CVC 行业的发展也表现出了不同的特征。最早期的 CVC 机构大多是由国有企业设立，或由政府出资牵头民营企业参股设立的，由于具有与政府相关的资源禀赋，这些 CVC 机构在初期就拥有较高的市场声誉和丰富的市场资源，占据了 CVC 联合投资网络中较好的位置，其投资行为也与西方市场 CVC 机构有较大不同。经过多年发展，中国 CVC 行业主体多元化，投资规模不断扩大，退出渠道也不断完善。但关于中国 CVC 网络的研究才刚刚展开。本书研究基于联合数据构建中国 CVC 网络，分析整个网络的结构和演进，有助于了解中国 CVC 机构的投资行为及其对创新的影响机制，为从网络角度对中国 CVC 产业的后续研究奠定基础。

3.2　研究设计

3.2.1　数据及网络构建

研究所用的 CVC 联合投资数据来源于清科私募通数据库（PEDATA）[①]。私募通数据库中包含所有投资机构的信息，通过逐个核查股东信息，筛选出 356 家 CVC 机构。然后筛选出这些 CVC 在 2000～2017 年间的所有投资事件，共获得 121 695 条数据。参考霍赫贝格（Hochberg et al，2007）的研究，本书采用 5 年移动时间窗来构建 CVC 联合投资网络。5 年时间窗可以为投资者建立合作关系提供充足的机会，并且可以避免过时的合作信息。因此，第一个 CVC 网络（NET00）是基于 2000～2004 年 CVC 联合投资事件构建，第二个 CVC 网络（NET01）是基于 2001～2005 年发生的 CVC 联合投资事件构建，以此类推，最后一个 CVC 网络（NET13）是基于 2013～2017 年 CVC 联合投资事件构建，最终得到 14 个 CVC 动态网络。

在社会网络分析中，采用邻接矩阵 $A_{n \times n} = (a_{ij})_{n \times n}$ 来表示网络连接关系。矩阵 $A_{n \times n} = (a_{ij})_{n \times n}$ 中，行 i 和列 j 都表示投资者，元素 a_{ij} 表示投资者 i 和 j 之间的合作关系。当投资者 i 和投资者 j 投资于同一家公司时，认定为两者间存在联合投资关系，记为 $a_{ij} = 1$ 且 $i \neq j$，否则 $a_{ij} = 0$。存在追投（即投资者 i 多次投资于同一家公司）时，不认定为合作关系（也就是投资者 i 不能与自身进行联合投资），即矩阵 $A_{n \times n}$ 的对角线元素（$a_{ij}, i = j$）均为 0。综上，这 14 个 CVC 动态网络矩阵均为无向对称矩阵。每个网络矩阵都可以用由点集合 $V(G)$ 和边集合 $E(G)$ 组成的图 $G = (V, E)$ 来表示。点的数量为 $N = |V|$，边的数量为 $M = |E|$。所有联合投资关系构成的网络中的边的权重均为 1。

[①] 私募通是中国创业与投资大数据一站式管理平台，是清科研究中心旗下一款覆盖中国创业投资及私募股权投资领域投资事件的权威金融数据库。私募通数据库中包含了完整的实体信息、全面的投融资记录、多元化数据统计、组织机构关系图谱等数据。

3.2.2 研究方法

3.2.2.1 整体网结构分析

社会网络分析对整体网的研究可以揭示整个网络的结构特征，这些结构会对其网络中的行动者的行为产生影响（刘军，2009）。整体网结构特征可以通过以下指标进行衡量。

（1）网络规模（network scale）。

整体网规模是指网络中包含的内部行动者的数量。通常，整体网规模越大，其结构越复杂，这种结构对行动者的影响可能越大。

$$N = |V| = n \tag{3-1}$$

（2）网络密度（network density）。

整体网密度越大，网络成员间的关系越密切和复杂，则网络对行动者的影响也越大（刘军，2006）。联系紧密的整体网一方面为行动者提供更多的社会资源，另一方面也会对行动者的发展产生限制力量（Wasserman，2008）。

当整体网为包含 n 个行动者的无向网络时，其最大理论关系总数为 $N(N-1)/2$。整体网密度为其实际关系数 M 与理论最大关系数的比值。

$$DEN = \frac{M}{\frac{1}{2}N(N-1)} \tag{3-2}$$

（3）网络直径（network diameter）。

网络直径是网络中最长的测地距离，反映了节点之间的间接关系。网络中两个节点 i 和 j 之间的距离 d_{ij} 定义为连接两个节点的最短路径上的边数。网络中任何两个节点之间的距离的最大值为网络直径 D，即：

$$D = \max_{i,j} d_{ij} \tag{3-3}$$

（4）平均路径长度（average path length of network）。

平均路径长度为网络中任意两点间的距离 d_{ij} 的均值，反映了网络中的整体可达性的程度，即：

$$L = \frac{2}{N(N+1)} \sum_{i>j} d_{ij} \tag{3-4}$$

（5）度数中心势（degree centralization）。

在不同的网络图中，点的度数中心度的差异程度是不同的。在星型网络中，核心点的度数中心度（$n-1$）最大，其他点的度数中心度均为 1。而在完备网络图中，所有点的度数均为 $n-1$，不存在中心点。度数中心势就是用来刻画这种网络图的整体中心性。

首先找到网络图中最大的中心度的点，然后计算该点与其他任何点的中心度的差值，将差值汇总，再除以各个差值总和的最大可能值。度数中心势的公式表达如下：

$$C_D(G) = \frac{\sum_{i=1}^{|N|}[C_D(v^*) - C_D(v_i)]}{\max\{\sum_{i=1}^{|N|}[C_D(v^*) - C_D(v_i)]\}} \quad (3-5)$$

只有在网络图为包含 n 个点的星型图时，式（3-5）中的除数达到最大值（$n-1$）（$n-2$），因此，式（3-5）可以简化为：

$$C_D(G) = \frac{\sum_{i=1}^{|N|}[C_D(v^*) - C_D(v_i)]}{(n-1)(n-2)} \quad (3-6)$$

3.2.2.2　节点中心性分析

中心性是社会网络分析的重点之一。在社会网络分析中，"权力"（power）是从"关系"的角度来界定的。一个人之所以拥有权力，是因为与他人存在关系，可以控制、影响他人（刘军，2009）。各种中心度指标是对个体网络行动者权力的量化分析，反映节点与其他节点的链接强度。由于 CVC 动态网络具有不同的网络规模，因此，本书采用相对中心度指标进行分析。

（1）度数中心度（degree centrality）。

节点的度数中心度衡量了该节点在网络中的地位和重要性。如果一个点与其他许多点直接相连，则该点具有较高的度数中心度。在具有 n 个节点的图 $G=(V, E)$ 中，节点 v 的度数中心度（标记为 $C_D(v)$）是直接连接到 v 的其他节点的数量。考虑到图的规模不同，为了便于不同图中点的中心度的可比性，弗里曼（Freeman，1979）提出相对中心度的概念，即节点的绝对中心度与网络图中节点的最大可能的度数之比。节点 v 的相对度数中心度标记为 $C_D'(v)$：

$$C_D'(v) = \frac{deg(v)}{N-1} \quad (3-7)$$

（2）中间中心度（betweenness centrality）。

中间中心度测量的是网络中行动者对资源控制的程度。如果一个行动者位于许多条网络交往路径上，则认为其处于网络重要位置，因为他可以控制其他人之间的联系。

在具有 n 个节点的图 $G = (V, E)$ 中，节点 v 的中间中心度 $C_B(v)$ 是节点 v 出现在其他任意两个节点间的最短路径的概率：

$$C_B(v) = \sum_{s \neq v \neq t \in V} \frac{\sigma_{st}(v)}{\sigma_{st}} \tag{3-8}$$

其中，σ_{st} 为节点 s 和节点 t 之间的最短路径的数量，$\sigma_{st}(v)$ 为通过节点 v 的最短路径的数量。类似的，存在相对中心度指标。只有在星型网络中，图中点的中间中心度才能达到最大值 $(n-1)(n-2)/2$，则相对中间中心度 $C_B'(v)$ 为：

$$C_B'(v) = \frac{2C_B(v)}{(n-1)(n-2)} \tag{3-9}$$

（3）接近中心度（closeness centrality）。

在拓扑学和相关数学领域中，接近中心性是拓扑空间中的一个基本概念。直观来看，当两个集合任意接近时，它们被认为是紧密的。在度量空间中，这一概念被用来定义空间元素之间的距离。

在社会网络理论中，接近中心性的思想是，网络中一个点与其他点越接近，那么该点就越不依赖于他人，可以避免受到控制，即接近中心性衡量了网络中行动者不受他人控制的能力。

在图论中，接近中心度是图中节点的复杂中心度度量。比其他节点"更浅（shallower）"（测地距离更短）的节点具有更高的接近中心度。在网络分析中，由于接近中心度为更多的中心节点赋予了更高的值，因而它经常与其他中心度（如度数中心度）相关联。

接近中心度定义为从节点 v 到其他可达节点的平均测地距离（如最短路径），即在具有 n 个节点的图 $G = (V, E)$ 中，节点 v 的接近中心度 $C_C(v)$ 是该点与图中所有其他点的捷径距离之和：

$$C_C(v) = \sum_{t \in V \setminus v} d_{G(v,t)} \tag{3-10}$$

只有在星型网络中，节点的接近中心度才能达到最小值 $n-1$，则相对接近中心度为：

$$C'_c(v) = \frac{\sum_{t \in V \setminus v} d_{G(v,t)}}{n-1} \tag{3-11}$$

（4）特征向量中心度（eigenvector centrality）。

在比较大的复杂网络中，接近中心度的测度可能会引起理解上的偏误。由于网络结构复杂，距离网络中一个联系紧密的子群距离很近而距离其他点较远的节点，和距离网络中所有其他点距离居中的节点，二者的接近中心度在数量上很可能是接近的。这时，需要在网络总体结构的基础上，找到居于核心的网络节点，而并不关注节点局部的结构。特征向量中心度采用因子分析方法，找出各个网络节点之间的距离维度（dimensions）。节点在每一个维度上的位置为其特征值，所有特征值构成该节点的特征向量。

令 x_i 为节点 i 的中心度值向量，A_{ij} 为网络的邻接矩阵，当节点 i 与节点 j 相邻接时，$a_{ij} = 1$；否则，$a_{ij} = 0$。一般而言，在随机矩阵中，每个元素 a 表示连接强度。对于节点 i，中心度与同其连接的所有节点的中心度的和成正比。

$$x_i = \frac{1}{\lambda} \sum_{j \in M(i)} x_j = \frac{1}{\lambda} \sum_{j=1}^{N} a_{ij} x_j \tag{3-12}$$

其中，$M(i)$ 为与节点 i 相连接的网络点集，N 为点集中的节点数量，λ 为常数。上述公式的矩阵形式为 $X = \frac{1}{\lambda} AX$，或 $AX = \lambda X$。

3.2.2.3 余弦相似度分析

网络相似度的度量对于理解网络结构的相似度和稳定性具有重要意义。在相似度计算方法中，余弦相似度分析方法具有如零不变、对称、三角不等式和交叉支持等的重要属性，因此，本书采用余弦相似度来衡量 14 个动态网络的相似度并进行网络演化分析。

根据余弦相似定理，首先将个体的指标数据映射到向量空间，然后通过测量两个个体向量之间的内积空间夹角余弦值来度量它们之间的相似性。两个个体向量夹角越接近 0°，即夹角余弦值越大，说明两个个体的相似度越高；而两个个体夹角越接近 180°，夹角余弦值越小，说明相似度越低，如图 3-1 所示。

两个向量间的余弦值采用欧几里得点积公式计算：

$$a \cdot b = |a| \times |b| \cos \theta, \theta \in [0, 2\pi] \tag{3-13}$$

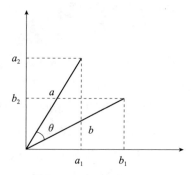

图 3 - 1　余弦相似度示意

定义两个向量之间的相似度为 $\cos\theta$，相似度的取值范围为 $[1, -1]$。两个向量的余弦相似度的计算公式如下：

$$s = \cos\theta = \frac{Y_i \cdot Y_s}{|Y_i||Y_s|} = \frac{(y_{i1}, y_{i2}, \cdots, y_{in}) \cdot (y_{s1}, y_{s2}, \cdots, y_{sn})}{\sqrt{\sum_{j=1}^{n}(y_{ij})^2} \times \sqrt{\sum_{j=1}^{n}(y_{sj})^2}}$$

$$(3-14)$$

其中，Y_i 和 Y_s 分别表示第 i 个和第 s 个不同的向量。s 表示相似度，θ 表示两个空间向量的夹角，当两个向量完全重合时，即 $\theta = 0$，相似度 $s = 1$，也就是说明矩阵 A 和 B 完全相同。当两个向量完全相反时，即 $\theta = 180°$ 时，相似度 $s = -1$，说明 $A + B = 0$，即两个矩阵反向相同。当两个向量互相垂直时，即 $\theta = 90°$，相似度 $s = 0$，也就是说明，两个矩阵完全不同。

3.2.2.4　K-means 聚类分析

K-means 聚类算法由詹姆斯·麦昆（James MacQueen）于 1967 年提出。由于其简单、快速、高效的实现方式，K-means 聚类算法被广泛应用于数据聚类中，并成功在网络数据的处理中得到应用和检验，尤其是在大型数据集的应用中体现出优势。K-means 聚类算法是一种基于距离的聚类方法，它根据对象的属性或特征将对象聚类为 K 个组，其中，K 是根据研究目的预设的，通过将对象和相应集群质心之间的距离的平方和最小化来完成聚类。

K-means 聚类算法在计算时进行以下的迭代计算：

首先，根据研究目的设定 K 值，即随机选取 k 个聚类中心点；

其次，计算每个节点向量到 k 个聚类中心的距离，然后将该点分到最近的聚类中心，这样就行成了 k 个簇；

再次，再重新计算每个簇的质心（均值）；

最后，重复以上 2 ~ 4 步，直到质心的位置不再发生变化或者达到设定的迭代次数。

从网络角度对 CVC 进行的分析可以分为"权力"和"效率"两个维度，因此，本书研究预设 $K = 4$，并且采用每个节点的 4 个中心度指标和 5 个结构洞指标构成每个对象的属性向量，基于到聚类中心的欧氏距离进行聚类，从而获得每个网络中 CVC 机构的不同角色。

3.3　网络分析结果

3.3.1　中国 CVC 网络规模及连接特征

自 1998 年以来，中国 CVC 联合投资网络的规模扩大了约 27 倍，如图 3 - 2 所示。同时，CVC 机构的数量及其投资活动也呈现出爆炸式的增长。在 NET00（2000 ~ 2004 年联合投资网）中，最初的 CVC 投资机构只有 58 家，5 年内的投资事件只有 1 746 条数据。到 NET13 时，240 家 CVC 投资机构参与了 58 857 个投资事件。

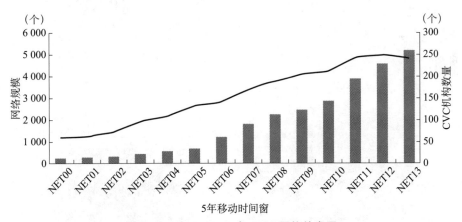

图 3 - 2　2000 ~ 2017 年 CVC 网络的发展

为了展示中国 CVC 网络的动态演变，图 3 - 3 中列示了 4 个发展阶段的 CVC 网络图。其中，黑色节点为 CVC 机构，灰色节点为其他 VC 机构。可以看到，在 CVC 行业发展初期的 NET00 中，部分 CVC 机构占据了网络核心位置，同时，网络边缘也存在着许多"自由"的 CVC 机构，没有与其他投资机构建立起联系。随着网络规模的迅速扩张，CVC 机构由于其特定的投资动机和局限的投资策略，很难占据网络核心位置。在 NET13 中，只有深创投和腾讯投资在网络中拥有较高的度数中心度和中间中心度。

与此同时，"自由"节点的比例从 NET00 的 24% 降低到了 NET13 中的 11%。这说明，投资者越来越重视联合投资策略。联合投资已经成为 CVC 机构在风险投资活动中分散风险、获取资源和撬动资本的重要策略。从局部网络结构来看，研究还发现越来越多的 CVC 机构都嵌入了一定的子群或"社区（community）"中。这一结构特征与 CVC 的投资特征相一致。为了实现在位企业的战略目标，CVC 的投资项目往往集中于目标行业或目标市场，并且倾向于和具有相关行业经验或优势的投资机构进行联合投资，因而在 CVC 网络中表现出了明显的凝聚性和社区趋势，如图 3-3 所示。

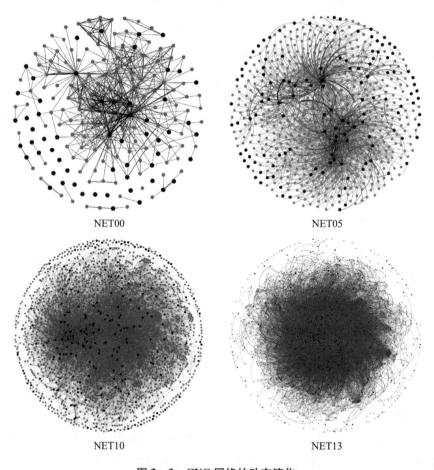

图 3-3　CVC 网络的动态演化

表 3 - 1　CVC 动态网络的整体网络构特征

CVC 网络	NET00	NET01	NET02	NET03	NET04	NET05	NET06	NET07	NET08	NET09	NET10	NET11	NET12	NET13
网络平均度	6.510	7.196	7.113	7.513	7.862	7.579	7.453	8.135	8.267	8.466	9.034	10.743	12.112	13.558
Indeg H 指数	18	19	20	23	26	28	31	37	39	42	47	59	70	84
网络中心势	0.204	0.235	0.228	0.181	0.187	0.215	0.196	0.181	0.165	0.152	0.137	0.124	0.107	0.115
出度中心势	0.203	0.234	0.227	0.180	0.187	0.215	0.196	0.181	0.165	0.152	0.137	0.124	0.107	0.115
入度中心势	0.203	0.234	0.227	0.180	0.187	0.215	0.196	0.181	0.165	0.152	0.137	0.124	0.107	0.115
网络密度	0.034	0.033	0.026	0.020	0.016	0.012	0.006	0.005	0.004	0.003	0.003	0.003	0.003	0.003
成分	24	25	24	34	35	35	86	115	149	173	187	216	208	182
成分比率	0.120	0.110	0.084	0.087	0.067	0.055	0.071	0.064	0.067	0.070	0.065	0.056	0.045	0.035
关联度	0.628	0.698	0.781	0.806	0.819	0.869	0.813	0.830	0.810	0.798	0.818	0.837	0.872	0.901
分裂度	0.372	0.302	0.219	0.194	0.181	0.131	0.187	0.170	0.190	0.202	0.182	0.163	0.128	0.099
封闭度	0.420	0.387	0.344	0.310	0.289	0.260	0.269	0.258	0.252	0.280	0.266	0.283	0.252	0.229
平均距离	2.914	2.866	3.098	3.160	3.208	3.230	3.663	3.642	3.677	3.742	3.716	3.596	3.536	3.416
最短直径	1.044	0.910	0.994	0.975	0.972	0.883	1.023	0.939	0.912	0.949	0.922	0.847	0.847	0.800
网络直径	8	6	7	7	7	8	8	8	8	10	11	9	9	9
Wiener 指数	67 070	95 566	182 280	370 690	671 622	1 069 824	4 285 076	9 611 818	14 453 958	17 793 042	24 670 724	44 691 560	64 162 128	83 303 984
依存总量	44 056	62 226	123 446	253 370	462 280	738 608	3 115 342	6 972 686	10 523 426	13 038 180	18 032 092	32 261 950	46 018 392	58 914 856
网络宽度	0.751	0.724	0.715	0.715	0.716	0.706	0.757	0.754	0.763	0.770	0.764	0.752	0.737	0.720
紧密度	0.249	0.276	0.285	0.285	0.284	0.294	0.243	0.246	0.237	0.230	0.236	0.248	0.263	0.280

3.3.2 小世界特征

　　小世界网络具有平均距离较短；聚类系数较高；网络中的大多数点与旁边的点都有密切的关系，只有一部分与远点有关系等重要特征（Newman & Watts，1999）。通过分析 14 个 CVC 网络的网络结构指标，如平均距离、聚类系数和度分布等，证实了中国 CVC 网络满足小世界网络的特征，见表 3－1。

　　如图 3－4 所示，14 个 CVC 动态网络的平均距离为 2.866～3.742，远小于 ER 随机图的 $L=10$。尽管 CVC 网络的规模一直在增长，但平均网络距离（大约为 3）却很小。聚类系数的值尽管从 0.120 降低到 0.034，依然远大于 ER 随机图的 $C=0.001$。随着时间的流逝，CVC 网络的密度趋于稳定，并且平均中心度的增长率很小。

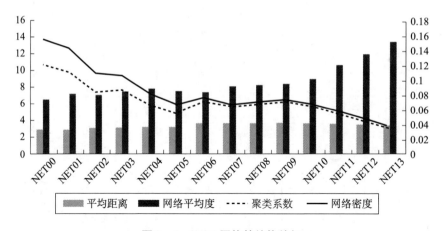

图 3－4　CVC 网络的结构特征

　　另外，CVC 网络度分布受幂律分布的影响，如图 3－5 所示。CVC 网络是典型的小世界网络。在 CVC 联合网络中，大多数 CVC 与其"邻居"具有直接连接。通过间接的合作关系，一家 CVC 机构可以与"远邻"VC 机构建立联系。一些"关键"位置的投资机构参与了许多重大的联合投资，以建立与"远邻"投资机构的联系（如腾讯投资和深创投）。它们在网络中占据高中心性或结构洞中高效率的位置。一旦 CVC 机构与这些"关键"CVC 机构建立了联系，它们将很快"嵌入"CVC 网络中。

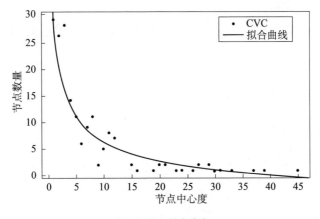

（a）NET00 的度分布

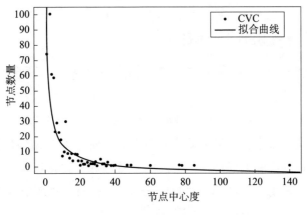

（b）NET05 的度分布

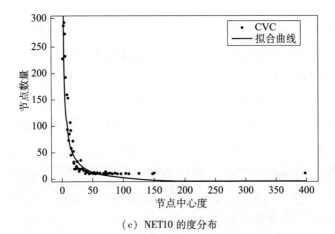

（c）NET10 的度分布

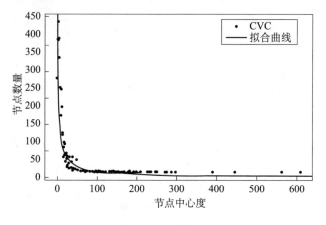

（d）NET13 的度分布

图 3-5　CVC 网络度分布

3.3.3　CVC 的网络角色

CVC 的投资行为特征都反映在"权力"和"效率"两个网络维度上，基于这两个维度进行交叉分析，将 $K=4$ 设定出初始值，并对聚类结果进行了轮廓系数和 Calinski-Harabaz Index 评价，显示 $K=4$ 为最优或接近最优聚类。从聚类结果来看，每个动态网络中的 4 种 CVC 网络角色类型都表现出不同的投资态度和偏好特征。根据网络特征和投资特征，将这 4 类 CVC 角色分为"领导者（leader）""追随者（follower）""观望者（watcher）""游离者（ranger）"，如图 3-6 所示。

3.3.3.1　领导者（leader）

"领导者"CVC 位于网络的核心位置，并且对在网络中具有强大的"权力"和影响力。腾讯投资和深创投是典型的网络中的"领导者"。腾讯集团作为中国最大的互联网服务提供商之一，与其"前辈"Google 相比，腾讯投资的 CVC 起步较晚，但近年来表现出强劲的发展势头。腾讯 CVC 投资起步于 2008 年，2010 年成立了产业投资基金，并开始积极扩大 CVC 活动。从 2011 年到 2017 年，腾讯投资了 412 家创业公司。频繁的投资活动使腾讯投资迅速占据了 CVC 网络的核心位置，如图 3-7 所示。同时，腾讯的 CVC 活动与其自身企业价值的发展呈现同步态势，如图 3-8 所示。一方面，腾讯自身规模的扩大有利于增加 CVC 的基金规模；另一方面，

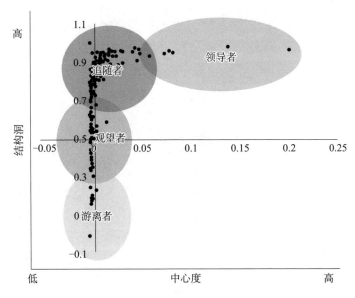

图 3 - 6　CVC 网络角色（NET13）

CVC 活动为腾讯的发展提供了丰富的外部信息、技术、市场等资源，打造了有利于腾讯可持续发展的外部环境。

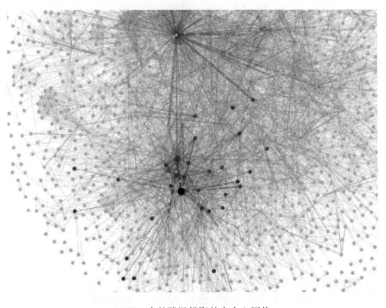

NET07 中的腾讯投资的自中心网络

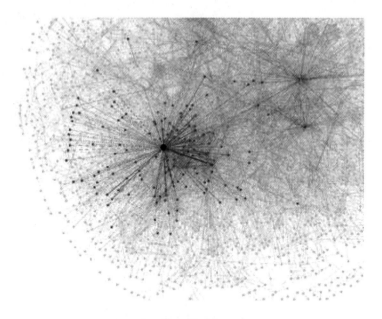

NET10 中的腾讯投资的自中心网络

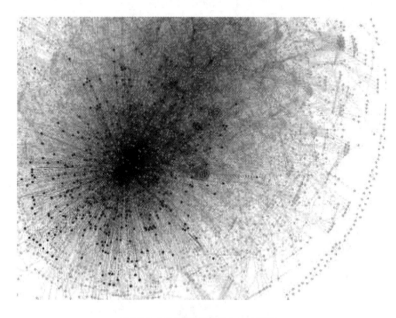

NET13 中的腾讯投资的自中心网络

图 3 -7　腾讯投资的自中心网络的演化

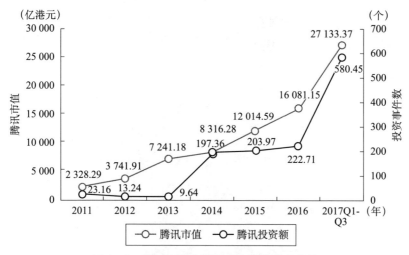

图 3 - 8　腾讯市值与腾讯投资额的发展趋势

　　另一个网络"领导者"深创投则是由深圳市政府出资并融合多家民营企业社会资本出资成立的投资公司。由于融合了政府引导目的和企业投资目的，深创投的企业使命为："以发现并成就伟大企业为使命，致力于做创新价值的发掘者和培育者"，并且主要投资于中小企业、自主创新高新技术企业和新兴产业企业，体现出政策的引导性和对社会资本的撬动能力。深创投从设立之初便占据了网络的核心位置，如图 3 - 9 所示。

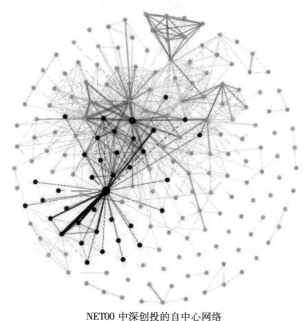

NET00 中深创投的自中心网络

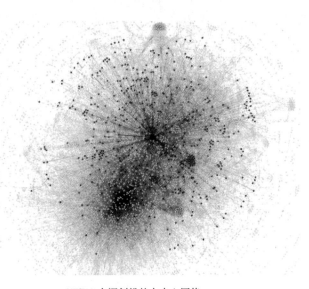

NET13 中深创投的自中心网络

图 3 – 9　深创投自中心网络的演化

3.3.3.2　追随者（follower）

作为"追随者"的 CVC 机构往往具有明确的投资目标，其投资行为反映出了在位企业强烈的战略意图。许多中国有影响力的互联网公司的 CVC 投资部门或投资公司（如百度、阿里巴巴和京东）都属于这一类网络角色。2013～2017 年，阿里巴巴投资了 12 家人工智能相关的企业，而百度投资了 14 家。这些投资行为与阿里巴巴和百度在人工智能领域的战略布局密切相关。到 2019 年，阿里巴巴和百度已经位列人工智能百强的第一梯队。① 这些"追随者"CVC 机构具有足以识别和孵化创业企业的创新技术的技术背景和资本实力。"追随者"CVC 在网络中具有相当大的影响力，是"领导者"的竞争者和重要合作者，同时很容易吸引其他投资者进行联合投资。阿里巴巴从 2009 年起在网络中成为"追随者"角色，并逐步接近 CVC 网络的核心地位，如图 3 – 10 所示。

3.3.3.3　观望者（watcher）

"观望者"CVC 机构的投资行为较少，且通常直接服务于母公司的主

_____

① 硅谷动力．2018 年度人工智能本企业百强［EB/OL］．［2019 – 04 – 04］．http：//www. enet. com. cn/article/2019/0404/A20190404061944. html.

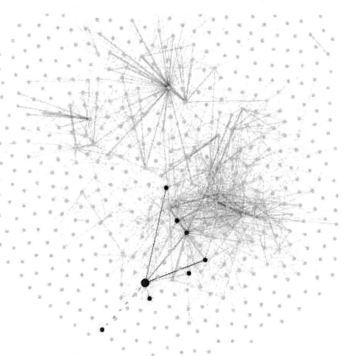

NET05 中阿里巴巴的自中心网络

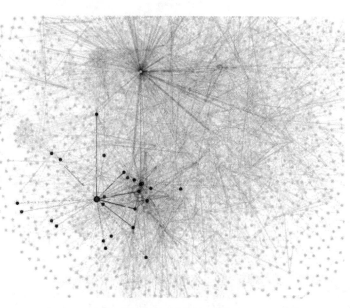

NET07 中阿里巴巴的自中心网络

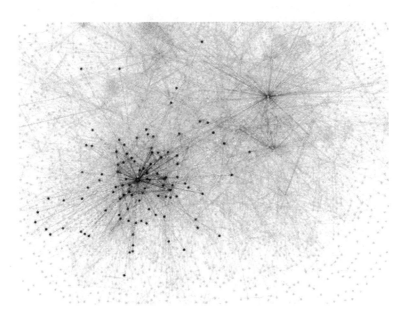

NET10 中阿里巴巴的自中心网络

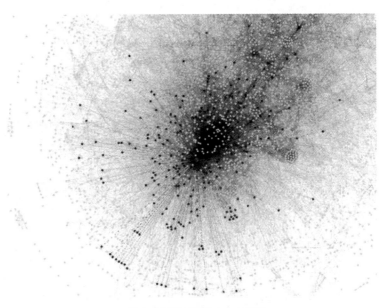

NET13 中阿里巴巴的自中心网络

图 3 – 10　阿里巴巴自中心网络的演化

要业务。这一类在位企业往往具有强大的行业背景，而 CVC 活动多作为他们在传统行业的衰退期向新兴市场扩展业务的尝试。例如，知名服装企业

"七匹狼"的 CVC 投资公司，从 2010 年开始投资于讯网网络、淘鞋网等电商企业，以及万里石、神舟国际等建材和房地产企业，以探索其他行业的机会。目前，"七匹狼"公司已经成为一家以服装为主业，兼营股权投资及房地产文旅项目的综合性公司。

3.3.3.4　游离者（ranger）

"游离者" CVC 机构是那些在网络边缘的"自由"节点，不与其他投资者合作。例如，网易成立的 18 基金专注于游戏领域的投资，在 2006 ~ 2010 年独立投资了 8 家在线游戏公司，其中最大的一笔投资金额为 2 000 万美元，而最小的仅 28.1 万美元。目标公司的特殊性可能是 18 基金不进行联合投资的原因。

3.3.4　CVC 网络的发展阶段

本书采用 UCINET 计算了 14 个 CVC 动态网络的整体网结构属性，构造了每个网络的属性向量。然后，用 MATLAB 来计算网络属性向量的余弦相似度，结果如图 3 – 11 所示，中国 CVC 行业的发展呈现出较明显的阶段特征。

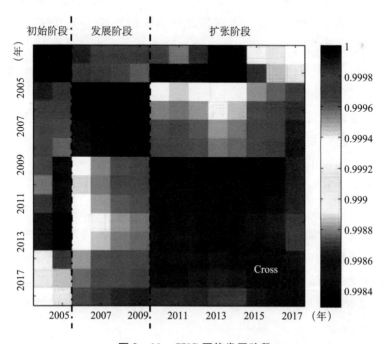

图 3 – 11　CVC 网络发展阶段

在过去的 20 年中，以 CVC 网络为代表的 CVC 行业经历了三个发展阶段。

初始阶段是在 2005 年之前。自 2001 年加入 WTO 后，中国经济发展迅速。在此期间，很多在位企业积累了大量资本，并开始寻求外部投资和创新机会。CVC 机构开始意识到联合投资的重要作用，并逐渐嵌入投资网络关系。从 NET00 到 NET01，CVC 网络规模从 192 扩大到 219，两个网络中的 CVC 节点数从 58 个增加到 61 个。

从 2006 年开始，CVC 网络进入了发展阶段。受 2008 年全球金融危机的影响，在 NET04 中 CVC 的投资额和投资事件数均有所下降，但是在 NET05 中又开始攀升，2009 年 CVC 的投资情况开始改善。CVC 网络规模从 NET02 中的 275 翻了两倍，扩大到 NET05 中的 618，并且 CVC 节点的数量增加了一倍，达到 219 个。值得注意的是，金融危机后的 NET05 中，外国 VC 的投资量急剧下降。

从 2010 年结束的 NET06 开始，CVC 网络进入了扩张阶段。在位企业从经济危机中复苏后，开始努力寻求外部创新和新的发展机会。CVC 的投资规模急速扩张，网络规模从 NET06 中的 2 441 翻倍增加到 NET13 中的 5 202，并且在此期间 CVC 节点缓慢地从 203 增长至 240。联合投资成为 CVC 的主要投资形式。CVC 网络中的连接进一步增强，平均度从 8.50 增加到 13.56；而网络密度略有下降，基本保持在 0.003 左右；网络平均路径从 3.74 降低到 3.42。新兴的互联网公司（如百度、阿里、腾讯基金和京东）在获得来自 IVC 和 CVC 的资金后成长迅速，从被投资者转变为投资者，显示出强大的 CVC 发展潜力。从 2013～2017 年，这四家互联网公司投资了大约 650 家企业。

在图 3-11 的右下角中，存在一个过渡区域，这可能预示着 CVC 网络将进入一个新的发展阶段。自 2018 年起，中国政府出台了一系列政策鼓励风险投资，例如，在全国对创投企业投向种子期、初创期科技型企业实行按投资额 70% 抵扣应纳税所得额的优惠政策基础上；从 2019 年起，进一步降低进行创业投资的个人所得税。风险投资活动在中国空前活跃。新的投资主体的加入和新的投资热点的出现将推进 CVC 网络的进一步演化。

3.3.5　CVC 网络角色在不同阶段的演变

为了了解不同角色的 CVC 随时间的变化，本书用气泡图来展示在每个发展阶段中 CVC 角色的分布情况，如图 3 – 12 所示。气泡大小代表每种角色 CVC 在该阶段的投资事件数量，横坐标表示相对中心度，纵坐标表示结构洞效率。显而易见，"领导者" CVC 占据了网络的核心位置，并且在每个阶段都具有绝对的网络 "权力" 和信息优势。随着 CVC 网络规模的扩张，网络的小世界属性越来越明显，而 "领导者" CVC 的比例也明显降低，但其中心性和结构洞效率仍然很高。同时，"追随者" 和 "观望者" 在扩张阶段成为 CVC 的主力军，它们的中心性稳定上升。另外，更多的 "游离者" 开始重视网络的力量，试图嵌入 CVC 网络，尤其是在扩展阶段。

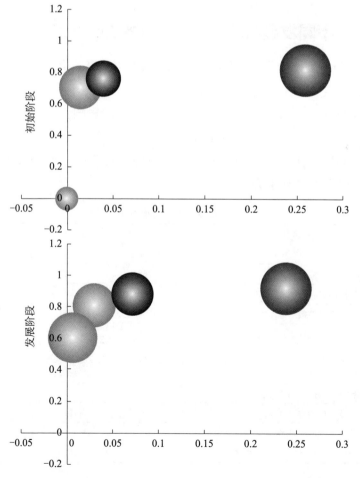

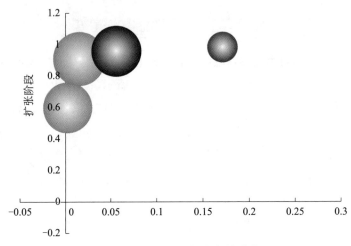

图 3 - 12　CVC 网络角色的演化

3.3.6　不同发展阶段中 CVC 网络成员的差异

CVC 行业发展阶段的划分有助于识别具有不同资本背景的 CVC 网络成员构成的变化。本书研究重点关注了外企背景 CVC、国企背景 CVC 以及新兴行业 CVC 的网络成员。受行业发展不同阶段的影响，不同背景的 CVC 表现出了不同投资强度及网络参与度。从表 3 - 2 中可以看出，外企 CVC 和国企 CVC 参与的投资事件的比例显著下降，而新兴行业 CVC 参与的投资事件的百分比逐步上升。

表 3 - 2　　　　　不同发展阶段中 CVC 网络成员的构成

项目	初始阶段	发展阶段	扩张阶段
CVC 节点数（个）	58	129	240
CVC 投资事件数（个）	288	980	4 615
外资 CVC 机构数（个）	18	28	23
外资 CVC 投资事件数（个）	79	218	390
涉及外资 CVC 的投资事件占比（%）	27	22	8
国资 CVC 机构数（个）	26	50	84
国资 CVC 投资事件数（个）	176	527	1 980
涉及国资 CVC 的投资事件占比（%）	61	54	43
新兴行业 CVC 机构数（个）	6	14	46
新兴行业 CVC 投资事件数（个）	45	110	1 078
涉及新兴行业 CVC 的投资事件占比（%）	16	11	23

从全球视角来看，外资 CVC 起步较早，拥有成熟的投资战略和策略。在中国 CVC 行业的初始阶段和发展阶段，外企 CVC 的投资为中国 CVC 的发展提供了样本和榜样，刺激了 CVC 网络的发展。但随着中国 CVC 行业进入扩张期，外企 CVC 的影响力逐步降低，参与的 CVC 的投资事件比例从初始阶段的 27% 下降到扩张阶段的 8%。一方面，尽管外资 CVC 的投资事件数在逐步增长，但在中国 CVC 行业迅速扩张的环境下，其网络影响力被迅速分散。另一方面，与国内企业相比，外资 CVC 在 2008 年受全球金融危机的影响更大，其中一些甚至退出了市场。

国有企业背景的 CVC 在行业发展中起着重要作用。在 21 世纪初，这些具有强大政府和资本背景的 CVC 的母公司往往都是中国各个行业的领头羊。尽管这些国企面临所有权结构问题，但它们都较早开展 CVC 活动并推动了新兴产业的发展。国企 CVC 参与的投资事件一直在稳步增长。尽管由于 CVC 行业扩张，国企 CVC 参与的投资事件占比有所下降，但是仍占到了 CVC 行业投资事件总数的 43%。

2010 年之后，中国国内在位企业的 CVC 活动显著增加，来自新兴行业的企业，尤其是互联网企业成为其中的主要力量。这些新兴的互联网企业在自身发展早期都接受过风险投资，具有相应的资本市场知识以及自身的行业资源禀赋，在快速发展之后，就成为了 CVC 的重要力量。新兴行业的 CVC 参与者及其 CVC 的投资数量随着 CVC 行业的发展而不断增加，其参与的投资事件比例从初始阶段的 16% 增长到了扩张阶段的 23%。

3.3.7　不同发展阶段 CVC 的投资特征的差异

在行业的不同发展阶段中，CVC 的投资策略表现出不同的偏好和倾向。

从投资阶段来看，CVC 的目标企业集中在处于早期（种子期和初创期）企业。在行业的初始和扩张阶段，投向早期企业的投资比例约占 CVC 活动总数的 39%，见表 3 - 3。但是，在 CVC 行业发展阶段的投资是一个例外。这个阶段处于全球金融危机期间，出于风险控制及投资周期的考量，CVC 的投向目标集中在扩张期的企业。这些企业已经有明确的商业模式和目标市场，与早期企业相比，投资者更容易评估这些公司的价值，项目推出周期也更短。

表 3－3 CVC 行业不同阶段的投资特征

项目		初始阶段		发展阶段		扩张阶段	
		投资事件数（个）	行业占比（%）	投资事件数（个）	行业占比（%）	投资事件数（个）	行业占比（%）
CVC 事件总数		288		980		4 710	
投资阶段	种子期	9	3	27	3	682	14
	初创期	104	36	176	18	1 171	25
	扩张期	87	30	493	50	1 538	33
	成熟期	23	8	167	17	1 241	26
	其他	65	23	117	12	78	2
投资行业（Top 5）	信息技术	101	35	231	24	1 907	40
	制造业	141	49	484	49	1 275	27
	金融	11	4	29	3	339	7
	文娱	3	1	37	4	329	7
	商业服务业	10	3	29	3	142	3

从被投资行业来看，热门投资行业均为过去 20 年间中国迅速发展的行业。被投资企业高度集中在制造业和信息技术产业，这与中国的国家战略方向是一致的，表明中国的国家政策在引导和激励 CVC 方面发挥着重要作用。

3.4　结论

本章研究从社会网络的角度，构建了联合投资网络，分析了网络的属性和演化，探讨了中国 CVC 产业的结构和发展。分析结果表明，CVC 网络具有小世界网络的特征。这表明 CVC 在选择合作伙伴时会有一定的偏好，并有助于了解 CVC 网络的形成和演变。在 CVC 网络中，了解占据网络核心位置的"关键"CVC 节点非常重要。对这些关键 CVC 的特定连接进行一些变更会极大地改变网络的结构。根据 CVC 在网络中的位置和重要性，本书对其进行进一步的网络角色分类，发现了网络中的 4 种 CVC 角色类型，并且它们具有明显不同的投资偏好和行为特征。此外，通过对动态网络进行余弦相似度分析，研究证实了中国 CVC 行业的三个发展阶段。阶段划分有助于从不同角度对 CVC 行业的变化进行研究分析，如不同背景 CVC

机构的投资行为变化、不同阶段投资偏好的变化等。阶段划分还有助于了解 CVC 行业的潜在驱动因素。此外，阶段划分可以在相关的实证研究中作为固定效应提供支持。

对于有意愿进行 CVC 活动的在位企业，本书研究有助于在其在制定 CVC 战略之前，提升其对 CVC 行业和自身竞争能力分析。而从行业监管和政策制定的角度，本书研究有利于政府和监管机构更全面地了解 CVC 行业的特征，以便于有效地制定针对性的政策来指导和促进 CVC 行业的发展，以符合国家的战略目标。

对 CVC 网络的进一步研究可以结合时间序列数据和空间测量方法，分析 CVC 行业发展阶段的影响因素。在三个发展阶段中，不同角色的 CVC 的行为和绩效能需要进一步探讨。同时，目前尚不清楚不同角色的 CVC 对其母公司和被投资企业的创新的影响。

第4章 战略投资网络对 CVC 的投资绩效的影响

4.1 研究背景

CVC 是科技金融的重要投入之一，不仅可以帮助在位企业建立外部创新体系、提升研发与创新效率，而且对推动科技型创业企业的早期发展具有重要作用（Drover et al.，2017）。中国 CVC 的规模不断扩大，已成为风险投资的重要组成部分，并且显示出优越的投资绩效。据《2019 中国 CVC 行业发展报告》，2018 年中国 CVC 的投资额约为 IVC 的 17%，投资总额达 203 亿元人民币。相比而言，IVC 投资的企业中只有 10% 实现 IPO 以及 8% 被并购，而 CVC 的被投资企业实现 IPO 和被并购达到 18% 和 10%，与全球 CVC 行业的平均水平持平，① 表明 CVC 比 IVC 更能有效推动科技创业企业的发展。CVC 区别于 IVC 的主要特征是，其母公司为非金融的在位企业，且这些企业通过 CVC 实现其财务和战略目标。中国 CVC 是否基于母公司的资源禀赋进行投资，是否采用适当的投资策略以实现战略投资目的，是了解中国 CVC 的发展现状、促进中国 CVC 健康发展的重要问题。

国外学者以成熟资本市场数据为样本研究了 CVC 的投资绩效、战略收益、结构性缺陷，以及在位企业与创业企业之间关系等问题（Chesbrough，2000；Dushnitsky & Lenox，2005；Benson & Ziedonis，2010；Dushnitsky & Shapira，2010），取得了较为丰富的研究成果。国内学者对 IVC 的投资策略、投资绩效、创新影响和网络社群等方面进行了大量的研究（姜彦福和

---

① 清华大学五道口金融学院. 2019 中国 CVC 行业发展报告［EB/OL］.［2020 – 01 – 14］. https：//www. pbcsf. tsinghua. edu. cn/info/1154/3060. htm.

张帏，2010；沈维涛和胡刘芬，2014；周伶等，2014；詹正华、田洋洋和王雷，2015；张学勇和张叶青，2016；罗吉和党兴华，2017），而对 CVC 的研究则正在兴起。学者们延续风险投资的研究框架对 CVC 的投资模式、投资绩效及其影响因素和被投资企业价值等进行了探讨（翟丽、鹿溪和宋学明，2010；林子尧和李新春，2012；翁京华、韩玉启和苗成林，2012；陆方舟等，2014；傅嘉成和宋砚秋，2016；田增瑞、田颖和赵袁军，2017）。然而，关于投资组合多元化和专业化对投资绩效的影响的检验结果并不一致。这是因为之前的研究并未考虑在位企业公司资源禀赋对 CVC 的影响，没有对 CVC 的投资绩效的影响机制进行深入剖析。

为此，本书从战略管理和资产组合理论出发，研究了多元化投资策略对投资绩效的影响。基于资源基础观理论，就 CVC 的资源禀赋对投资策略与投资绩效间关系的影响机制进行实证研究，拓展了资源基础观理论在 CVC 领域的研究应用，探索了 CVC 的投资策略与绩效间更深层次的关系和影响机制。

4.2　战略投资网络多元化特征与投资绩效的影响机理

与 IVC 追求财务汇报的投资目标不同，在位企业通过成立 CVC 机构以实现外部 R&D、加速进入目标市场和提升市场需求等战略目标，以突破自身发展瓶颈，战略动机一般占据其投资的主导地位（Dushnitsky & Lenox，2006；Park & Steensma，2012）。CVC 服务于在位企业的战略目标，对创业企业进行筛选和评估，构建起基于母公司战略目标的投资组合，形成以在位企业为核心的战略投资网络。从社会网络分析的角度，在位企业的战略投资网络是以 CVC 为中心的自中心网络。从网络结构来看，战略投资网络均为星型网络，关系类型均基于股权投资关系。尽管网络规模存在差异，但网络结构都是相似的。因此，本书研究重点关注战略投资网络的异质性，即每个战略投资网络中成员构成的异质性。

通过投资活动建立股权关系将创业企业纳入在位企业的战略投资网络，是 CVC 出于有意识的战略选择而决定的投资策略。在面对多个发展阶段、多种行业和广泛地域的创业项目时，CVC 与 IVC 的投资策略存在显著差异。由于 IVC 的基金规模和人力资本有限，因而进行多元化投资会导致风险资本在各领域的投入过于单薄（Humphery-Jenner，2013），从而 IVC 常选择专业化投资策略以降低信息搜索和协调成本，便于投后管理，方便知识的积累和共享，通过集中投入实现规模效应，提高财务绩效（Gompers，Kovner & Lerner，2009；De Clercq，2011；Matusik & Fitza，2012；Humphery-Jenner，2013；党兴华、张晨和王育晓，2014；沈维涛和胡刘芬，2014b）。而 CVC 机构出于战略驱动，更倾向于采用多元化投资策略，以有利于分散投资风险，实现母公司持续发展的战略目标。根据投资组合理论，多元化投资可以有效降低非系统性风险。在外部环境快速变化的情况下，多元化投资策略能够有效分散行业波动和区域差异等风险，增强 CVC 对环境的适应能力，对投资绩效具有显著的提升作用（Matusik & Fitza，2012；Wuyts & Dutta，2014；Yang et al.，2014；徐勇和贾键涛，2016）。

4.2.1 行业多元化与投资绩效

在市场需求、产业结构快速变化的环境中，多元化投资能有效分散投资风险，提高投资绩效。不同行业的外部环境、行业结构、竞争形态和业务特点等均有显著差异。从资产组合角度研究发现，投资行业过于集中会放大系统风险，从而对投资绩效产生负效应（李严等，2012b）。从实物期权的角度研究发现，CVC 通过行业多元化投资构建了多样化的投资组合，以提高投资绩效（Yang et al.，2014）。从知识管理角度，通过进行行业多元化投资，可以实现不同行业知识的共享和学习，从而降低投资风险、提高回报率（Humphery-Jenner，2013）。此外，涉足不同行业可以获得与现有认知和经验更为互补的外部资源，提升应对行业波动的能力（徐勇和贾键涛，2016）。从内部激励角度来看，由于薪酬与绩效挂钩，因而基金经理往往会选择不同行业进行投资来分散风险，以达到基本的预期回报（Matusik & Fitza，2012）。基于风险收益假设，行业多元化投资使得基金的预期收益低，为了追求高收益，基金经理反而在各个行业中选择高风险项目进行投资，最终带来更好的多元化基金绩效（Buchner，Mohamed & Schwienbacher，2017）。CVC 的母公司往往具有一定的行业经验，甚至母公司自身经营也采用多元化战略。为此，由母公司主导的 CVC 能够在多个行业中选择优质项目进行投资，且相应的投后管理也更有针对性，能够提高被投资企业的创新能力并使之快速实现价值增长。可见，CVC 选择行业多元化投资策略有利于降低投资风险、提高投资绩效。由此，本书提出如下假设。

H4-1：CVC 的行业多元化投资策略会显著提高投资绩效。

4.2.2　阶段多元化与投资绩效

由于 CVC 要同时兼顾战略目标和财务目标，因而阶段多元化投资策略能有效兼顾两方面的目标。一方面，在位企业通过对早期创业企业的投资，实现对新技术的获取和新兴市场的占位、外部创新及市场开拓等战略目标。CVC 是在位企业了解和获取新技术的重要窗口（Benson & Ziedonis，2009），在位企业通过 CVC 向早期企业进行股权投资实现外部创新和新市场的进入和开发（Dushnitsky & Lenox，2005；Dushnitsky & Lenox，2006；Dushnitsky & Shaver，2009；Keil et al.，2010；Basu et al.，2011；Dimov，de Holan & Milanov，2012）。另一方面，基于财务动机，基金经理会通过选择适当发展阶段的被投资企业来组建投资组合，并根据企业融资窗口期来筹集和发放资金（Matusik & Fitza，2012）。对扩张期和成熟期企业的投资，投资风险较低。CVC 既可以从被投资企业的经营现金流中实现财务收益，又可以在较短时间内通过 IPO、并购等方式实现退出。同时，多阶段投资既兼顾了财务和战略目标，又避免了投资过于集中于某一行业的非系统性风险，从而提高投资绩效。

由此，本书认为阶段多元化投资策略有利于 CVC 的成功退出，并提出如下假设。

H4-2：CVC 的阶段多元化投资策略会显著提高投资绩效。

4.2.3　区域多元化与投资绩效

由于区域差异是构建投资资产组合多元化的重要因素，因而进行区域多元化投资对基金绩效有积极的促进作用（Humphery-Jenner，2013）。由于中国各省份的经济发展不平衡，因而各省份的科技金融政策存在较大差异，不同区域的财税政策激励、地方政府治理水平、当地市场环境和金融环境以及履约情况等都显著不同（邓路、谢志华和李思飞，2014），这使得不同类型的创业企业在各自资源有利的区域相对聚集。例如，在珠三角城市群集聚了超过十万家消费电子类相关产业制造商，浙江省则集聚了众多服装相关产业生产商。出于分散风险的考虑，进行多区域投资的机构获得高回报率的可能性更大（Cressy，Malipiero & Munari，2014）。对 CVC 机构而言：一方面，在多个区域进行投资既是对行业多元化的映射，也是获取更多高质量投资项目的重要途径；另一方面，通过区域多元化投资，可以实现资源在区域间的最优配置，降低区域经济发展不平衡带来的风险，形成应对不同环境的竞争能力（徐勇和贾键涛，2016）。

为此，本书认为区域多元化投资策略使 CVC 降低了区域经济发展波动带来的风险，并提出如下假设。

H4-3：CVC 的区域多元化投资策略会显著提高投资绩效。

4.2.4　基于资源基础观的 CVC 资源禀赋的调节效应

CVC 是在位企业实现战略目标的重要手段，在位企业的资金、经验和能力等为 CVC 提供了独特的资源禀赋。

首先，CVC 的资金多以母公司自有资金为主导，资金更为充足。CVC 母公司往往是已经具有相当规模的行业领先企业或上市企业，拥有相对充裕的自有资金，并且具备从资本市场进行融资的优势，因而 CVC 机构的财务资源更为充足。并且 CVC 不受基金赎回期的限制，在母公司的存续期内长期有效。内部资源充足的在位企业更倾向于多元化对外投资，以获取目标公司的实物资产和知识型资产等异质性资源（王生年和魏春燕，2014）。充足的财务资源使得 CVC 进行投资时，可以给创业企业更长的发展期，并且对投资失败更为宽容（Chemmanur，Loutskina & Tian，2014）。有学者发现，CVC 的财务约束对多元化与价值创造有调节效应（Yang et al.，2014）。

其次，CVC 母公司具有独特的非金融行业背景，决定了 CVC 的非财务资源禀赋。CVC 的股东构成可以分为非金融母公司独资、非金融母公司合资及与其他投资机构合资三种类型。根据资源基础观，不同公司间资源和能力存在异质性。股东异质性越大的 CVC，掌握的资源多样性程度越高，投资增值能力越强。非金融母公司的行业、市场和知识等企业资源，有利于 CVC 更有效地识别和筛选投资项目，同时能够为被投资企业提供技术支持与市场资源（Benson & Ziedonis，2010b）。而投资机构在行政管理、人力资源、社会网络和资本市场等方面更具优势。不同类型股东联合有利于整合各自的知识和资源，分摊投资风险，相互监督，降低道德风险，为被投资企业的健康发展提供支持（Dimov & Milanov，2010a；傅嘉成和宋砚秋，2016；徐勇和贾键涛，2016）。为此，CVC 的股东异质性越大，其非财务资源禀赋越高，越有利于强化多元化投资与投资绩效之间的正相关关系。

为此，本书认为 CVC 的资源禀赋对多元化投资与投资绩效之间的正相关关系具有积极的调节作用，并提出如下假设。

H4-4a：CVC 的财务资源禀赋显著调节行业多元化投资策略与投资绩效之间的关系。

H4-4b：CVC 的财务资源禀赋显著调节阶段多元化投资策略与投资绩效之间的关系。

H4-4c：CVC 的财务资源禀赋显著调节区域多元化投资策略与投资绩效之间的关系。

H4-5a：CVC 的非财务资源禀赋显著调节行业多元化投资策略与投资绩效之间的关系。

H4-5b：CVC 的非财务资源禀赋显著调节阶段多元化投资策略与投资绩效之间的关系。

H4-5c：CVC 的非财务资源禀赋显著调节区域多元化投资策略与投资绩效之间的关系。

4.3　研究设计

4.3.1　数据来源

本书研究相关数据主要来源于清科私募通数据库，该数据库收录了自 1999 年以来中国风险投资机构的基本信息、投资事件和退出事件的明细等数据。研究样本为截至 2017 年 12 月 31 日 CVC 机构在中国进行的投资和退出活动。对于数据缺失部分，通过 CVSource 数据库和 CVC 机构的官方网站等渠道补充完整，未能得到补充者均被剔除。企业及机构的成立时间、注册地址和股东等信息则从国家企业信用信息公示系统

（www. gsxt. gov. cn）获取。

为保证统计结果的可靠性并尽量避免偶然因素，本书研究按照如下标准筛选 CVC 机构：首先，选取清科私募通数据库中投资事件数不少于 4 起的 VC 共 1 511 家（张学勇和廖理，2011；傅嘉成和宋砚秋，2016），并逐一核查股东构成，判断股东所处行业，控股股东为非金融类企业的 VC 被认为是 CVC，确认 205 家 CVC 机构；其次，排除掉数据库中缺失管理资本量的样本，最终样本中包含 166 家 CVC，以及其参与的 4 409 起投资事件和 750 起退出事件的明细数据。

4.3.2　变量定义

4.3.2.1　被解释变量

本书研究采用投资成功率为被解释变量来衡量 CVC 机构的投资绩效。

风险投资机构的收益在项目退出时实现，退出方式包括 IPO、并购、回购、管理层收购和清算等，其中 IPO 收益率最高，并购收益率次之。衡量风险投资项目成功的重要标志是 IPO（Dimov et al. , 2007）。对样本统计发现，IPO 仍是最主要的退出方式，占全部退出事件的 50.62%，并购退出占比 30.14%，合计 80.76%。参考党兴华等（2014）和李严等（2012）学者的研究，本书选取 IPO 比率作为投资成功率来衡量投资绩效，选取 IPO + 并购的比率作为广义投资成功率进行稳健性检验。

4.3.2.2　解释变量

多元化投资策略分为投资行业、投资阶段和投资区域三个维度：投资行业按照证监会行业分类标准进行分类，将被投资企业分别归属于 18 个行业；投资阶段按照清科私募通数据库进行分类，将被投资企业分为种子期、初创期、扩张期和成熟期；投资区域按照中国 34 个省级行政区（23 个省、5 个自治区、4 个直辖市、2 个特别行政区）以及国外地区（统一归为其他地区）来区分。

现有研究主要利用 CVC 机构参与投资的投资阶段（行业或区域）数目、赫芬达尔指数以及熵等指标来衡量多元化程度（党兴华等，2014；沈维涛和胡刘芬，2014b）。本书采用熵指数来衡量多元化程度，如下所示：

$$EI = \sum \frac{A_i}{A} \left(\ln \frac{A}{A_i} \right)$$

其中，A_i 为该 CVC 机构在某一投资行业（阶段或区域）的投资事件数；A 为该 CVC 机构的全部投资事件数。

4.3.2.3　调节变量

本书采用 CVC 的管理资本量来衡量其财务资源禀赋，为了压缩变量尺度并保留数据性质，在计算中采用自然对数。采用 CVC 股东构成类型来衡量 CVC 的非财务资源禀赋，CVC 股东构成类型分为非金融企业独资控股、与投资机构（包括 IVC、资产管理公司、券商和 PE 等）联合控股以及与非金融企业联合控股三种。

4.3.2.4　控制变量

本书研究选取了行业重合度、联合投资系数、早期企业投资比例、近期投资比例、平均持有期和投资经验等作为控制变量。将联合投资系数定义为 CVC 机构参与的联合投资事件在其所有投资事件中的比例。如果同一企业被超过一家投资机构投资，则定义该企业为联合投资事件。由于投资于种子期和初创期的企业风险较大，且对投资成功率有负向作用，因而以早期企业投资比例为控制变量来衡量其对投资绩效的影响。

变量定义见表 4-1。

表 4-1　　　　　　　　　　　　变量定义

变量类型	变量名称	变量编码	变量定义与计算
被解释变量	投资成功率	Suc_1	Suc_1 = 机构 IPO 事件数/机构投资事件总数
	广义投资成功率	Suc_2	Suc_2 =（机构 IPO + 并购事件数）/机构投资事件总数
解释变量	行业多元化	$EIind$	$EIind = \sum \alpha_i ln(1/\alpha_i)$，$\alpha_i$ = 机构在某一行业的投资事件数/机构投资事件总数
	阶段多元化	$EIper$	$EIper = \sum \beta_i ln(1/\beta_i)$，$\beta_i$ = 机构在某一阶段的投资事件数/机构投资事件总数
	区域多元化	$EIloc$	$EIloc = \sum \gamma_i ln(1/\gamma_i)$，$\gamma_i$ = 机构在某一区域的投资事件数/机构投资事件总数
调节变量	财务资源禀赋	Cap	$Cap = log$（机构管理资本量）
	非财务资源禀赋	$Type$	$Type$ = 机构股东构成类型（1，2，3）1 = 非金融企业独资；2 = 与投资机构联合；3 = 与非金融企业联合

变量类型	变量名称	变量编码	变量定义与计算
控制变量	行业重合度	Rel	Rel = 行业重合的投资事件数/机构投资事件总数
	联合投资系数	Syn	Syn = 机构参与联合投资事件数/机构投资事件总数
	早期企业投资比例	$Grow$	$Grow$ = 种子期和初创期投资事件总数/机构投资事件总数
	近期企业投资比例	Rec	Rec = 机构近 3 年投资事件数/机构投资事件总数
	投资经验	Exp	Exp = 机构投资事件总数的对数
	平均持有期	$Hold$	$Hold$ = 投资事件持有期的均值的对数

4.3.3 模型构建

本书采用多元回归对多元化投资策略与投资绩效的关系进行实证检验，采用层次回归对 CVC 资源禀赋的调节效应进行检验。

CVC 多元化投资策略对投资绩效影响的多元回归模型如下：

$$Suc\_1 = \alpha + \gamma_1 Rel + \gamma_2 Syn + \gamma_3 Grow + \gamma_4 Rec + \gamma_5 Exp + \gamma_6 Hold + \varepsilon$$

$$(4-1)$$

$$Suc\_1 = \alpha + \beta_1 EI_{ind} + \gamma_1 Rel + \gamma_2 Syn + \gamma_3 Grow + \gamma_4 Rec + \gamma_5 Exp + \gamma_6 Hold + \varepsilon$$

$$(4-2)$$

$$Suc\_1 = \alpha + \beta_2 EI_{per} + \gamma_1 Rel + \gamma_2 Syn + \gamma_3 Grow + \gamma_4 Rec + \gamma_5 Exp + \gamma_6 Hold + \varepsilon$$

$$(4-3)$$

$$Suc\_1 = \alpha + \beta_3 EI_{loc} + \gamma_1 Rel + \gamma_2 Syn + \gamma_3 Grow + \gamma_4 Rec + \gamma_5 Exp + \gamma_6 Hold + \varepsilon$$

$$(4-4)$$

CVC 资源禀赋调节效应的层次回归模型如下：

$$Suc\_1 = \alpha + \beta_i EI + \delta_1 Cap + \gamma_1 Rel + \gamma_2 Syn + \gamma_3 Grow + \gamma_4 Rec + \gamma_5 Exp + \gamma_6 Hold + \varepsilon$$

$$(4-5)$$

$$Suc\_1 = \alpha + \beta_i EI + \delta_1 Cap + \rho_1 EI \times Cap + \gamma_1 Rel + \gamma_2 Syn + \gamma_3 Grow + \gamma_4 Rec + \gamma_5 Exp + \gamma_6 Hold + \varepsilon$$

$$(4-6)$$

$$Suc_1 = \alpha + \beta_i EI + \delta_2 Type + \gamma_1 Rel + \gamma_2 Syn + \gamma_3 Grow + \gamma_4 Rec + \gamma_5 Exp + \gamma_6 Hold + \varepsilon$$

$$(4-7)$$

$$Suc\_1 = \alpha + \beta_i EI + \rho_2 EI \times Type + \gamma_1 Rel + \gamma_2 Syn + \gamma_3 Grow + \gamma_4 Rec + \gamma_5 Exp + \gamma_6 Hold + \varepsilon$$

$$(4-8)$$

4.4 统计与实证结果

4.4.1 变量描述性统计与相关性分析

表 4 – 2 中列示了变量描述性统计结果。166 家 CVC 机构的投资成功率（IPO）的均值为 10.89%，而广义成功退出率（IPO + 并购）的均值为 18.10%，高于 VC 行业平均投资退出率 15.53%。[①] 这是由于在 2015 ~ 2017 年新增了 14 441 家投资机构，占据风险投资行业的 38.64%，拉低了行业平均退出率。衡量 CVC 的多元化投资策略的变量 EI 均值分别为 0.88796、0.79632 和 1.27752，[②] 标准差为 0.3 ~ 0.6，说明不同的 CVC 机构的投资策略多元化程度也存在差异。从样本数据来看，CVC 机构与其他投资机构进行联合投资的比例较高。CVC 的投资事件中平均有 27.35% 投向早期企业，这充分说明了 CVC 对于推动企业成长和技术发展的重要作用。此外，变量的相关分析显示，不存在任何两个变量之间显著的强相关（相关系数绝对值均小于 0.4）。

4.4.2 回归结果

为保证回归结果有效，本书对样本数据进行了多重共线性、异方差等检验。利用方差膨胀因子（variance inflation factor，VIF）对变量进行多重共线性检验，结果显示 VIF 均小于 5，排除了变量与交互作用项之间存在多重共线性的可能性。由于在怀特检验时出现异方差，因而本书采用加权最小二乘法（weighted least squares，WLS）对异方差进行修正后再进行回归分析。

模型 2 ~ 模型 4 检验了 CVC 多元化投资策略对投资绩效的影响，见表 4 – 3。实证研究结果验证了 CVC 的行业多元化投资策略对投资绩效有显著促进作用（$p < 0.05$），H4-1 得到验证。阶段多元化投资策略对投资绩

---

① 根据清科私募通数据库数据（截至 2017 年 12 月 31 日）计算得出。

② 徐勇等（2016）以 5 年时间窗来计算 VC 行业多元化熵指数均值为 1.667，区域多元化均值为 0.905。由于行业和区域划分标准不同，且采用截面数据，本书计算所得的行业多元化和区域多元化熵指数的均值与徐勇等学者的结果差异较大。

表 4 - 2

变量描述性统计

变量	变量编码	均值	标准差	最大值	VIF	相关性 (1)	(2)	(3)	(4)	(5)	(6)	(7)	(8)	(9)	(10)	(11)	(12)	(13)
被解释变量	Suc_1	0.109	0.160	0.778		1.000												
	Suc_2	0.181	0.249	1.750			1.000											
解释变量	Elind	0.888	0.481	1.863	1.545			1.000										
	Elper	0.796	0.308	1.392	1.719			0.337**	1.000									
	Elloc	1.278	0.612	2.905	1.739			0.301**	0.224**	1.000								
	Rel	0.613	0.636	2.000	1.405			-0.310**	-0.047	0.033	1.000							
	Syn	0.664	0.228	1.000	1.327			0.116	0.033	0.069	-0.262**	1.000						
	Grow	0.274	0.282	1.000	1.449			-0.074	-0.052	0.246**	0.285**	-0.348**	1.000					
控制变量	Rec	0.333	0.336	1.000	3.975			0.213**	0.031	0.331**	-0.058	0.100	0.147	1.000				
	Exp	1.115	0.467	2.918	2.529			0.387**	0.208**	0.381*	0.083	-0.001	0.181*	0.053	1.000			
	Hold	0.615	0.212	1.213	4.903			-0.135	0.022	-0.331**	0.119	-0.139	-0.059	-0.085**	0.036	1.000		
调节变量	Cap	2.933	0.946	4.880	1.634			0.220**	0.342**	0.245**	0.237**	-0.087	0.060	-0.097	0.302**	0.158*	1.000	
	Type	1.831	0.912	3.000	1.223			0.057	-0.005	-0.051	-0.127	-0.073	-0.166	0.071	0.004	-0.087	0.064	1.000

注：样本数量为166；***、**和*分别表示在1%、5%和10%的水平上显著。

表 4 – 3　实证回归结果

| Suc_1 | 多元化投资策略的投资绩效（WIS） | | | | | | CVC 资源禀赋的调节效应 | | | | | |
	模型 1	模型 2	模型 3	模型 4	模型 5	模型 6	模型 7	模型 8	模型 9	模型 10	模型 11	模型 12
Elind		0.0557** (0.032)			0.0055* (0.079)	0.0559* (0.100)	0.0663** (0.013)	0.0596** (0.021)				
Elper			0.0996* (0.055)						0.0441** (0.039)	0.0434** (0.041)	0.0952* (0.068)	0.1198** (0.026)
Elloc				-0.0263 (0.352)								
Cap					0.0115* (0.051)	-0.0092 (0.397)			0.0135*** (0.004)	0.0086 (0.149)		
Elind×Cap						0.0242** (0.038)						
Elper×Cap										0.0058 (0.152)		
Type							0.0126* (0.080)				0.0101 (0.313)	
Elind×Type								0.0096** (0.032)				
Elper×Type												0.0065 (0.435)
Rel	-0.0028 (0.664)	-0.0086 (0.680)	-0.0456*** (0.002)	-0.0048 (0.813)	-0.0083 (0.369)	-0.0082 (0.316)	-0.0051 (0.805)	-0.0036 (0.865)	-0.0100 (0.198)	-0.0064 (0.444)	-0.0426*** (0.006)	-0.0354 (0.028)
Syn	0.0044 (0.834)	0.2485*** (0.000)	0.0803 (0.129)	0.1136** (0.036)	0.0090 (0.700)	0.0121 (0.591)	0.2407*** (0.000)	0.2317*** (0.000)	0.0252 (0.219)	0.0266 (0.199)	0.0889* (0.097)	0.115** (0.021)

续表

Suc_1	多元化投资策略的投资绩效（WLS）						CVC 资源禀赋的调节效应					
	模型 1	模型 2	模型 3	模型 4	模型 5	模型 6	模型 7	模型 8	模型 9	模型 10	模型 11	模型 12
Grow	-0.0339**	-0.0129	-0.0942*	-0.0229	-0.0289*	-0.0245	-0.0056	-0.0057	-0.0299**	-0.0289*	-0.0816	-0.0737
	(0.029)	(0.719)	(0.058)	(0.651)	(0.098)	(0.138)	(0.875)	(0.873)	(0.044)	(0.055)	(0.109)	(0.133)
Rec	-0.1070***	-0.4027***	-0.3021***	-0.3458***	-0.1670***	-0.1513***	-0.4032***	-0.3941***	-0.1351***	-0.1352**	-0.2931***	-0.3227***
	(0.001)	(0.000)	(0.000)	(0.000)	(0.000)	(0.000)	(0.000)	(0.000)	(0.001)	(0.001)	(0.000)	(0.000)
Exp	0.0037	-0.0182	-0.029	-0.0029	-0.0077	-0.0141	-0.0213*	-0.0208	-0.0174	-0.0236*	-0.0324*	-0.0404**
	(0.711)	(0.153)	(0.122)	(0.877)	(0.589)	(0.321)	(0.097)	(0.102)	(0.208)	(0.096)	(0.090)	(0.021)
Hold	-0.0278	-0.358***	-0.1884*	-0.3084***	-0.1629***	-0.1294**	-0.358***	-0.3468***	-0.1031**	-0.0978*	-0.1721	-0.1799*
	(0.395)	(0.000)	(0.076)	(0.000)	(0.007)	(0.035)	(0.000)	(0.000)	(0.048)	(0.059)	(0.108)	(0.092)
_cons	0.1297***	0.2434***	0.2727***	0.392***	0.2459***	0.2349***	0.2123***	0.2141***	0.1201**	0.1196**	0.2388**	0.2161**
	(0.000)	(0.001)	(0.014)	(0.000)	(0.000)	(0.000)	(0.003)	(0.002)	(0.038)	(0.038)	(0.039)	(0.048)
R²	0.245	0.5235	0.3958	0.2673	0.2675	0.2807	0.5303	0.5310	0.2790	0.3008	0.4026	0.4261
Adj R²	0.2165	0.5023	0.369	0.2348	0.2302	0.2392	0.5064	0.5071	0.2423	0.2605	0.3722	0.3969
VIF	2.22	2.06	2.54	3.23	3.16	6.28	1.96	1.93	3.57	3.66	2.45	2.58
Obs	166	166	166	166	166	166	166	166	166	166	166	166

注：括号内的数值表示 p 值；***、**和*分别表示在 1%、5% 和 10% 的水平上显著。

效有显著的正向影响（$p < 0.1$），验证了 H4-2。而区域多元化投资策略对投资绩效的正向影响不显著（$p > 0.1$），H4-3 未得到验证。由于区域多元化投资策略对投资绩效的影响不显著，因而本书不再进一步检验 CVC 资源禀赋对区域多元化投资策略与投资绩效之间关系的调节效应，即不再检验 H4-4c 和 H4-5c。

　　模型 5～模型 8 检验了 CVC 的资源禀赋对行业多元化投资策略与投资绩效关系的调节效应（H4-4a 和 H4-5a），模型 9～模型 12 检验了 CVC 的资源禀赋对阶段多元化投资策略与投资绩效关系的调节效应（H4-4b 和 H4-5b），结果见表 4－3。模型 6 中 CVC 的财务资源与行业多元化交叉项显著为正（$p < 0.05$），模型 8 中 CVC 的非财务资源与行业多元化交叉项显著为正（$p < 0.05$），说明 CVC 的管理资本量和股东构成对行业多元化投资策略与投资绩效之间的关系存在显著的调节效应，验证了 H4-4a 和 H4-5a。阶段多元化与 CVC 的资源禀赋的交叉项均不显著，H4-4b 和 H4-5b 未得到验证。

　　为了进一步检验调节效应的方向，本书绘制了调节效应方向图，如图 4－1 所示。随着 CVC 机构的管理资本量的增加，行业多元化投资策略对投资绩效的正向作用增强，即 CVC 的管理资本量对行业多元化投资策略与投资绩效间关系的调节是正向的。在 CVC 的三种股东构成中，非金融企业控股的 CVC 机构的行业多元化投资策略对成功退出的作用最弱，非金融企业联合控股的 CVC 机构的行业多元化投资策略对成功退出的作用最强，从而验证了 CVC 的非财务资源禀赋对行业多元化投资策略与投资绩效之间的正相关关系存在积极的调节作用。

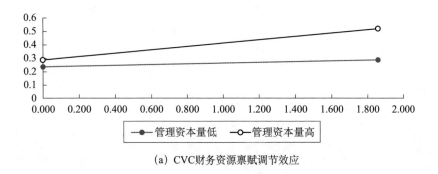

（a）CVC财务资源禀赋调节效应

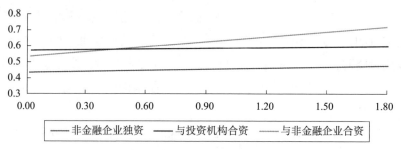

(b) CVC非财务资源禀赋调节效应

图 4 – 1　CVC 资源禀赋调节效应

4.4.3　稳健性和内生性检验

　　为了进行稳健性检验，本书采用变量分别替代了被解释变量和解释变量。模型 13 ~ 模型 15 中的被解释变量采用广义投资成功率（Suc_2），模型 16 ~ 模型 18 中的解释变量采用反向赫芬达尔指数（HHI），同样采用 WLS 对异方差进行修正。稳健性检验结果显示，CVC 机构的行业多元化和阶段多元化的熵指数对广义投资成功率的影响分别在 0.01 和 0.1 统计水平上显著为正，用 HHI 衡量的行业和阶段多元化投资策略对投资成功率的影响也显著为正，而区域多元化的检验结果并不稳健，见表 4 – 4。多元化投资策略与投资绩效之间关系的稳健性检验结果与之前的结论保持一致。

表 4 – 4　　　　　　　　　　　稳健性检验结果

变量	Suc_2（替换被解释变量）			Suc_1（替换解释变量）		
	模型 13	模型 14	模型 15	模型 16	模型 17	模型 18
$EIind$	0.1175 *** (0.002)					
$HHIind$				0.2683 *** (0.002)		
$EIper$		0.0983 * (0.052)				
$HHIper$					0.0988 * (0.075)	
$EIloc$			– 0.0282 (0.470)			
$HHIloc$						0.1936 * (0.060)
Rel	– 0.0332 (0.275)	– 0.0505 ** (0.014)	– 0.0181 (0.513)	– 0.0077 (0.602)	0.0143 (0.253)	– 0.0460 ** (0.035)

变量	Suc_2（替换被解释变量）			Suc_1（替换解释变量）		
	模型 13	模型 14	模型 15	模型 16	模型 17	模型 18
Syn	0.1534 ***	0.0804	0.1674 **	0.1889 ***	0.1730 ***	− 0.0021
	(0.008)	(0.251)	(0.027)	(0.000)	(0.000)	(0.959)
Grow	− 0.0504	− 0.1885 ***	− 0.0542	− 0.0021	− 0.1072 ***	− 0.0494
	(0.348)	(0.004)	(0.430)	(0.954)	(0.000)	(0.314)
Rec	− 0.6049 ***	− 0.5001 ***	− 0.4768 ***	− 0.4329 ***	0.0031	− 0.2043 **
	(0.000)	(0.000)	(0.000)	(0.000)	(0.960)	(0.012)
Exp	− 0.0655 ***	− 0.0420	− 0.0180	− 0.1655 ***	− 0.2151 ***	− 0.3949 ***
	(0.002)	(0.108)	(0.526)	(0.000)	(0.000)	(0.000)
Hold	− 0.5469 ***	− 0.4162 ***	− 0.4118 ***	− 0.3802 ***	0.1572 *	0.1127
	(0.000)	(0.003)	(0.001)	(0.002)	(0.077)	(0.274)
_cons	0.5755 ***	0.5949 ***	0.5634 ***	0.7137 ***	0.1837 **	0.6587 ***
	(0.000)	(0.000)	(0.000)	(0.000)	(0.028)	(0.000)
R^2	0.4715	0.4309	0.2781	0.3796	0.4239	0.3639
Adj R^2	0.4481	0.4057	0.2461	0.3522	0.3984	0.3357
VIF	2.07	2.45	2.99	2.82	2.51	3.3
Obs	166	166	166	166	166	166

注：括号内报告的是 p 值；＊＊＊、＊＊和＊分别表示在 1%、%5 和 10%的水平上显著。

为了检验结论可能存在的内生性问题，即投资绩效更好的 CVC 更有意识地进行行业多元化投资，本书采用工具变量两阶段法对可能的内生性问题进行修正，选取 CVC 机构的经营年限为工具变量。一方面，经营年限越长时，CVC 的投资活动越容易呈现多元化。另一方面，CVC 的经营年限与被投资企业的 IPO 并无显著关联。第一阶段回归结果表明，CVC 的经营年限对行业多元化投资策略和阶段多元化投资策略均有正向影响，t 值分别为 2.27（行业）和 2.45（阶段），均在 5%的水平上显著；第二阶段回归结果显示，在修正内生性问题后，行业多元化投资策略和阶段多元化投资策略仍对投资成功率有显著正向影响（$p<0.1$），见表 4 – 5。可见，尽管结果的显著性减低，但实证结论不变。

表 4 – 5 　　　　　　　　　　 2SLS 回归结果

变量	一阶段回归结果			二阶段回归结果
	EIind	EIper	EIloc	Suc_1
EIind				0.2934 *
				(0.079)

变量	一阶段回归结果			二阶段回归结果		
	EIind	*EIper*	*EIloc*	*Suc_1*		
EIper				0.4205 *		
				(0.073)		
EIloc						− 0.7836
						(0.490)
Year	0.1748 **	0.1220 **	− 0.0655			
	(0.025)	(0.015)	(0.485)			
Rel	− 0.2312 ***	− 0.0369	0.0303	0.0625	0.0101	0.0184
	(0.000)	(0.280)	(0.628)	(0.187)	(0.698)	(0.768)
Syn	− 0.0741	0.0018	0.0635	0.1100 *	0.0874	0.1379
	(0.631)	(0.987)	(0.758)	(0.086)	(0.148)	(0.379)
Grow	− 0.1492	0.2071 **	− 0.3893 **	− 0.4992 ***	− 0.3633 ***	− 0.3008
	(0.227)	(0.038)	(0.011)	(0.000)	(0.000)	(0.191)
Rec	0.4438 **	− 0.0133	0.0870	− 0.0097	− 0.1406 **	− 0.3586
	(0.017)	(0.902)	(0.713)	(0.860)	(0.044)	(0.442)
Exp	0.3770 ***	0.2775 ***	0.8470 ***	− 0.1619 **	− 0.1679 **	0.6124
	(0.000)	(0.000)	(0.000)	(0.031)	(0.041)	(0.517)
Hold	0.0591	− 0.6719 ***	0.1808	− 0.4352 ***	− 0.1354	− 0.2763
	(0.854)	(0.000)	(0.680)	(0.003)	(0.432)	(0.421)
_cons	− 0.9087	− 0.1242	0.7717	0.3544 ***	0.1399	0.6924
	(0.112)	(0.727)	(0.258)	(0.003)	(0.473)	(0.209)
R^2	0.3307	0.4053	0.4009			
Adj R^2	0.301	0.3789	0.3743			
Wald chi2				40.51 ***	55.56 ***	7.88
Obs	166	166	166	166	166	166

注：括号内报告的是 *p* 值；*** 、** 和 * 分别表示在 1%、5% 和 10% 的水平上显著。

4.5　影响机理分析

4.5.1　CVC 资源禀赋、行业多元化投资策略与投资绩效

样本统计发现，CVC 对信息传输、软件和信息技术服务业的投资占比

为 33.50%，对与电子信息技术相关的硬件制造业的投资占比为 28.72%，对机械、仪器制造业的投资占比为 23.64%，对生物医药业的投资占比为 12.03%。这些行业投资方向与国家重点创新战略方向一致，可以看出，国家政策对于 CVC 具有引导和激励作用。

通过 CVC 进行行业多元化投资，在位企业可以与创业企业进行资源整合，实现产品差异化、扩大市场需求及节省研发成本等。为创业企业提供信用背书等外部资源支持，降低创业企业的搜寻成本与试错成本（Zimmerman & Zeitz，2002）。通过 CVC 进行行业多元化投资，母公司可以监测新兴行业的发展，保持对新技术的跟进和敏感度。这样既能降低在位企业研发新技术和开拓新市场的风险与成本，同时又能保留在窗口期进一步追加投资的机会。如果新兴市场的前景不太乐观，CVC 可以及时停止投资，减少损失。如果新兴市场的发展前景良好，CVC 可以追加投资或者收购创业企业，实现进入新兴市场的战略目标（林子尧和李新春，2012）。可见，行业多元化投资策略可以有效减少集中于单个行业的系统性风险，并且在企业间实现资源的协同和企业间的联合发展，及时跟进新技术和新行业的发展，从而提高投资绩效。

实证结果同时验证了 CVC 的资源禀赋对行业多元化投资策略与投资绩效间正相关关系有强化作用。CVC 管理的资金来自母公司，并且存续期很长，只要母公司存在就可以持续投资。母公司一般都是具有较大规模、资金充裕且在行业中占据优势地位的企业，处于成熟期，具备相当的融资能力。财务资源越充足，CVC 的行业多元化投资的约束越少（Humphery-Jenner，2013），越有利于提高投资绩效。行业中的优质项目是稀缺资源，往往需要持续的大规模投资和较长的投资持有期，例如，由于生物医药类行业研发周期长、药品监管机制严格，新药研制项目往往需要过亿的资金来支持 8 ~ 10 年的药品研制、实验和审批流程。不同行业背景的股东形成了 CVC 特定的行业、技术和市场等非财务资源禀赋，相比 IVC，CVC 对创业企业更有吸引力（Drover et al.，2017）。从图 4 - 1 中可以看出，由不同非金融行业母公司股东组成的 CVC 的多元化投资绩效的调节效应最为显著。这是由于这种股东构成的异质性最大，CVC 整合的非财务资源禀赋最多，并且非金融股东的联合投资可以扩大项目选择范围，提高投资声誉以及议价能力（Brander，Amit & Antweiler，2002），同时，股东间的信息共享降低了投资风险，优化了投资决策（Kaplan & Stromberg，2003）。

在位企业拥有资金、技术和市场等企业资源，进行 CVC 活动能有效分散风险，保持竞争优势，也能将资源有效应用到被投资企业，促进被投资企业的发展。就政府而言，应制定相关政策和财税措施鼓励在位企业进行 CVC 活动，从而推动经济的发展。对创业企业来说，更应该了解不同 CVC 机构的资源禀赋，选择适合自身融资需求的投资者，实现企业的健康发展。

4.5.2　CVC 资源禀赋、阶段多元化投资策略与投资绩效

CVC 机构在投资活动中采用阶段多元化投资策略可以兼顾财务和战略目标，有效分散投资风险。对种子期和初创期企业的投资，主要出于战略动机，投资目的在于获取新技术和占位新市场，技术的成熟和市场的培育都需要较长时间，投资的不确定性很高。为了获取更好的财务绩效，CVC 会扩大对扩张期和成熟期企业的投资。根据样本统计，CVC 对扩张期和成熟期企业的投资比例高达 70%，大大高于 VC 的 59.4%[①]。扩张期和成熟期的企业规模相对较大，技术、产品及市场都比较明朗，便于投资机会的识别。同时，CVC 还可获得相对稳定的企业现金流，被投资企业的持续经营也会增加母公司的企业价值。从被投资企业的角度，CVC 拥有的行业和市场资源可以给企业带来额外的好处，向其他投资者传递更多正面信息，让被投资企业获得更高的估值，并降低 IPO 抑价率（乔明哲等，2017）。为此，扩张期和成熟期的企业也更倾向于选择 CVC 以提高自身在资本市场的融资能力。因此，阶段多元化投资策略可以降低对早期创业企业集中投资的风险，提高投资绩效。

CVC 的资源禀赋对阶段多元化投资策略与投资绩效之间正相关关系的调节作用未得到证实。可能是由于 CVC 机构采用阶段多元化投资策略程度差异较小的原因，阶段多元化（$EIper$）的均值为 0.796，标准差为 0.308，不同管理资本量规模和不同股东构成的 CVC 之间的阶段多元化投资策略选择并不存在显著的差异。

---

① 根据清科私募通数据库计算得出。

4.5.3　CVC 的区域多元化投资策略与投资绩效

实证结果显示，区域多元化投资策略对投资绩效的正向影响不显著。

当前中国区域经济发展不平衡，如北上广深等特大城市聚集了众多初创企业。根据样本统计，北京、上海和广东的投资事件占 CVC 的投资事件总数的 52.83%。为此，无论 CVC 是否采用了区域多元化投资策略，在其投资行为上都表现为区域的相对集中。基于交易成本理论，区域集中投资有利于降低投资的信息搜集成本与监管成本。但随着信息技术的发展，地域带来的信息传递成本和交通成本逐渐降低。而且被投资企业客观上的集中还会导致系统性风险的加强和企业之间的过度竞争。根据逆向选择理论，当被投资企业聚集时，CVC 无法充分掌握每个项目的信息，很难选择到真正优质的项目，或不能与被投资企业就融资金额达成一致，导致投资绩效的降低。同时，区域集中还可能会导致 CVC 之间的过度竞争，损害投资绩效。

CVC 在投资活动中表现出区域投资的集中，反映出了中国创新创业发展的区域集中。投资的区域选择基于创业企业的区域来确定。在我国，东部区域经济较为发达，营商环境、政策激励等对创业企业都更为友好，因而创业企业更加集中在东部发达城市中，进而对风险资本产生较强的吸引力，使得 CVC 的投资区域在客观上表现为区域集中。这也为政策制定指明了方向，政府应立足区域资源优势，打造良好的创新环境，吸引创业者和创业企业，这样才能引入风险资本，形成资本与创新良性循环的创新生态系统。

4.6　结论

本章研究以 1999～2017 年成立的 166 家活跃 CVC 机构的 4 409 起投资事件和 750 起退出事件为样本，实证检验中国 CVC 以多元化投资策略构建战略投资网络对投资绩效的影响，并在此基础上从资源基础观的角度研究了 CVC 的资源禀赋的调节效应。结果表明：第一，行业多元化投资策略会显著提高投资绩效，且 CVC 的资源禀赋对两者之间关系有积极的调节作用；第二，阶段多元化投资策略与投资绩效之间显著正相关，但 CVC 的资源禀赋对两者之间关系的调节效应不显著；第三，区域多元化投资策略与投资绩效之间的正向相关关系在统计上并不显著。

本书的研究结论具有重要的理论意义和现实价值。在对风险投资的研究中，本书弥补了 CVC 多元化投资策略对投资绩效影响的研究空白，验证了中国 CVC 市场的表现及资源禀赋对投资策略的影响，拓展了资源基础理论在 CVC 行业的应用，开拓了从投资战略角度进行投资绩效研究的视角，提供了对母公司、CVC 机构和创业企业之间作用关系进行持续研究的研究框架。在投资实践方面，CVC 是在位企业战略投资的主要手段，在位企业应充分利用已有资源，发挥 CVC 进行多元化投资策略的优势，实现自身战略布局。政府应有意识地引导 CVC 的投资倾向，促进早期科技企业和区域经济的健康发展。而被投资企业则应具备战略眼光，选择匹配的投资者，实现企业长期发展。

第 5 章　多重网络对 CVC 的投资绩效的影响

作为企业组织间学习的重要渠道，企业风险投资在提升企业创新绩效中发挥着重要作用。本章研究选择了中国上市公司作为样本，从社会网络的研究视角出发，研究了 CVC 机构的组织间学习的创新机制。实证结果表明，CVC 在提升在位企业的创新绩效方面发挥着重要作用，CVC 的投资强度和行业活跃度都对创新产生了显著的促进作用。基于社会网络和"差序格局"理论，将组织间学习的网络能力根据社会关系距离和信息控制程度分为整合能力、获取能力和联系能力。实证结果表明，整合能力与在位企业的创新绩效正相关，获取能力和连接能力对 CVC 与创新绩效之间的关系起调节作用。与传统的问卷调查研究相比，本章研究引入了社会网络分析方法来系统地、动态地衡量组织间学习的能力，拓展了组织间学习的创新机制的定性和定量研究，并运用多层社会网络分析对组织间的横向和纵向学习进行比较研究。此外，本章还实证检验了在位企业愿意在短期内牺牲财务利益以获取长期的创新战略优势。最后，为在位企业提出打造良好的外部社会网络环境的建议，以扩大外部知识资源的广度和深度，为自身创新提供"养分"以提升创新绩效。

5.1　研究背景

当前，市场环境日益复杂，在位企业进行创新的不确定性和复杂性不断增加。企业很难仅仅依靠内部技术、信息、知识等资源完成创新，因此，在位企业高度重视外部创新合作，特别是通过 CVC 进行外部投资活动对内部研发进行补充，甚至替代部分内部研发功能，以保持企业的创新优势和可持续发展（Basu et al.，2011）。CVC 是在位企业对创业企业进行的少量股权投资（Gompers & Lerner，2001；Chesbrough & Tucci，2002；Dush-nitsky & Lenox，2006），是通过与外部联盟密切合作（Chesbrough，2003；Chesbrough & Appleyard，2007）并与创业企业进行紧密接触以实现创新的一种重要的创新范式。在位企业通过 CVC 活动来获取特定的异质性资源以维持其资源禀赋，尤其是获得对新技术和新市场的知识和信息的前瞻性的洞察力（Dushnitsky & Lenox，2005；Dushnitsky & Shaver，2009；Engel，2011；Maula，Keil & Zahra，2013；Drover et al.，2017）。相较于外购技术或并购创业企业等其他开放创新模式，CVC 对现金流的需求较小，方式更为灵活，更受在位企业的偏爱。CVC 在过去的 20 多年中迅猛发展，目前已经成为除 IVC 外第二大创业基金来源。2018 年，美国 CVC 机构参与了 1 800 多个风险投资项目，占美国风险投资总数的 25%，总交易规模超过 770 亿美元[①]。在中国，2018 年 CVC 参与的投资规模超过 30 亿美元，约占中国全部风险投资金额的 17%[②]。

尽管许多在位企业通过 CVC 活动提升了自身的创新绩效，但仍有很多 CVC 并没有发挥出其应有的作用。学者们尝试从投资动机（Basu et al.，2011）、投资策略（Yang，Chen & Zhang，2016；傅嘉成和宋砚秋，2016；宋砚秋等，2018）、投资组合（Maula et al.，2009）、选择和评估能力（Yang et al.，2009）等方面对 CVC 的创新机制进行了研究。CVC 不仅是在位企业与联合投资伙伴和创业企业建立战略联盟关系的一个重要渠道，同时也是在位企业获取知识和接触新信息的重要通道。学者们研究发现，在位企业可以通过 CVC 向创业企业学习，来"追踪"（track）新技术的发展（Dushnitsky & Lenox，2005；Dushnitsky & Lenox，2006；Alvarez-Garrido & Dushnitsky，2016；Wadhwa et al.，2016；Widyasthana et al.，2016；Ceccagnoli et al.，2017）。根据知识管理理论，组织间学习网络和组织学习是知识更新的来源（Zhang & Wang，2012）。已有研究多次验证了组织间学习和外部社交网络对技术创新的重要性（Chesbrough & Appleyard，2007；West，2008；Anokhin et al.，2011；Sandulli et al.，2012；Herskovits，Gri-

---

① National Venture Capital Association. National Venture Capital Association 2020 Yearbook［R/OL］.［2020 – 03 – 31］. https：//nvca. org/wp-content/uploads/2020/04/NVCA-2020-Yearbook. pdf.

② 清华大学五道口金融学院.《2019 中国 CVC 行业发展报告》正式发布［EB/OL］.［2020 – 01 – 14］. https：//www. pbcsf. tsinghua. edu. cn/info/1154/3060. htm.

jalbo & Tafur, 2013)。组织学习可以提高企业的技术竞争力和企业绩效。然而遗憾的是，当前对 CVC 的研究主要基于"在位企业—创业企业"的二维视角，对组织间学习的研究也主要基于纵向学习（上下游行业）的视角来进行，很少有基于整体的系统环境对组织间学习的研究。此外，以往关于组织间学习的实证研究都是基于问卷调查的结果进行的，缺乏基于数据库的定量研究。

基于以上研究背景，本章主要研究在位企业基于 CVC 进行组织间学习的创新影响机制。本书将在位企业的 CVC 联盟关系区分为与投资伙伴的合作联盟和与创业企业的战略联盟。然后引入社会网络分析方法，构建了 CVC 多层网络，并分析了组织间学习的路径，研究组织间学习能力，检验了 CVC 组织间学习的创新机制。研究认为，每一层网络关系都对在位企业 CVC 的创新绩效有积极的提升作用。根据社会网络理论和差序格局理论，本书将 CVC 的组织间学习网络按照关系的由近到远和控制力的由强到弱分为"整合—获取—连接"三个圈层。相对应地，本书重点研究了 CVC 应具备的三大组织间学习网络能力。其一，整合能力：CVC 对创业企业进行筛选和整合成为投资组合，为在位企业打造创新所必需的知识库。其二，获取能力：通过 CVC 进行联合投资建立的合作关系，在位企业与合作伙伴之间进行直接的知识或信息的分享。其三，连接能力：在位企业在其 CVC 社会网络范围内可接触到的知识或信息。这些能力对于在位企业通过 CVC 进行创新和价值提升至关重要。本书研究从清科私募通数据库中选取了从 2000 ~ 2017 年间 119 家上市企业的 CVC 进行的所有 CVC 投资事件进行网络研究，并采用专利申请数据来衡量其创新绩效。在以往的研究中，组织间学习能力都由问卷数据来衡量，往往会受到对其客观性的质疑。本书引入社会网络分析方法，采用网络指标作为一种全新的衡量组织间学习能力的方法，使其更具可测量性和可比性。

5.2　理论背景与研究假设

5.2.1　知识基础观、组织间学习与 CVC

知识基础观认为，企业是一个知识处理系统，企业对知识的有效整合和利用是获得可持续竞争优势的关键（Grant，1996a；Yang et al.，2014）。作为资源基础观的延伸，知识基础观关注的是企业的无形资产，并认为知识是企业实现创新和价值创造的关键战略资源。企业绩效差异的主要决定因素是企业的异质知识禀赋（De Carolis & Deeds，1999）。为了获取并保持这些禀赋，企业需要通过不断地组织学习来激励和推动自身创新（Lavie，2006）。因此，企业面临两大任务：从外部获取所需知识，并对内部知识进行有效整合。获取互补性的知识和信息是组织间互动的一个重要目的。在市场竞争日益激烈的环境中，在位企业在加强内部学习和知识积累的同时，必须跨越组织边界并进行组织间学习，以寻求外部的补充性资源，弥补组织自身知识积累的不足（Teece，Pisano & Shuen，1997）。通过组织间学习获取知识资源对企业的创新和价值创造过程起着重要的催化作用，是企业获取竞争优势的必要手段之一。

组织间学习是企业通过客户、供应商、竞争对手和各种形式的协作者进行知识收集、转移、应用和再创造的一系列活动。它是组织学习的衍生，是通过组织间合作来获取并内化合作伙伴的技能和知识的过程。知识代表的是结构化的经验、价值、信息，以及专家经验。风险投资行业是一个典型的知识密集型行业。风险投资主要依赖于自身知识资源来对创业企业进行筛选、识别、监督和指导（Baum & Silverman，2004）。而联合投资作为重要的投资策略，是风险投资机构进行信息共享、降低信息不对称风险的重要手段，并且风险投资与技术和市场前沿的创业企业保持密切接触，在进行投前尽职调查和投后管理中可以获取新技术和新市场的重要知识和信息。因此，在位企业进行 CVC 活动，可以扩大与其他机构的互动并进行有效的组织间学习。

在 CVC 项目中，存在两种企业间联盟的形式：（a）由股权投资关系形成的在位企业与被投资企业之间的战略联盟；（b）由联合投资关系形成的在位企业与其他投资机构的合作联盟。资源基础观认为，联盟形成的动力是集合后带来的价值增值潜力（Das & Teng，2000）。CVC 的两种联盟关系都是竞合关系，即同时存在竞争和合作的关系。竞合关系可以分散风险、分担成本（Ritala，2012）、集合市场竞争力（Park，Srivastava & Gnyawali，2014）、相互补充知识库（Khanna，Gulati & Nohria，1998）等，从而有利于个体和联盟群体的效率提升。竞合关系为在位企业提供了大量的外部学习的机会（Ritala & Hurmelinna-Laukkanen，2009），通过组织间学习促进自身创新（Bouncken & Kraus，2013）。如图 5－1 所示，在位企业基于 CVC 形成的组织间学习网络可以分为：横向的投资机构间的组织间学习网络和纵向的在位企业与创业企业之间的组织间学习网络。

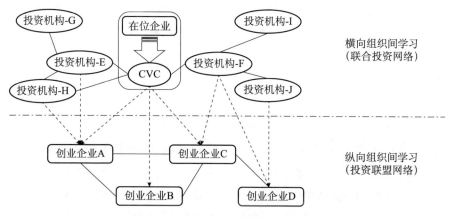

图 5－1　基于 CVC 的组织间学习网络

5.2.1.1　CVC 战略联盟的组织间学习

CVC 是组织间学习的一种特殊模式，称为"非实体实验"（disembodied experimentation），它允许在位企业在不影响当前的业务运营的前提下，监控行业和市场变化并学习新技术和新业务（Keil et al.，2008；Narayanan et al.，2009）。受限于企业内有限的资金和资源以及内部各方利益相关者的阻力，在位企业很难在企业内部进行新技术和新业务的探索（Keil et al.，2008），更枉论进行破坏性创新的尝试（Wadhwa et al.，2016）。与此同时，外部的不确定性带来的技术变革对企业现有的核心竞争力有较大冲击，甚至导致企业经营的失败（Vanhaverbeke，2009）。因此，CVC 在不影响企业正常运营的前提下，成为内部研发的补充或替代，或外部创新的渠道，对在位企业保持竞争优势起着重要的作用。

在 CVC 活动中，创业企业是在位企业获取外部知识的重要来源。通过 CVC 投资活动，在位企业有机会对创业企业的前沿技术和实际运营状况有更深入的了解，从而可以不断积累和更新其知识储备。首先，在做出正式的投资决定之前，CVC 机构会对创业企业进行全面而详细的尽职调查，这为在位企业获取相关领域的知识提供了一个绝佳的窗口（Dushnitsky &

Lenox，2005)。其次，在与创业企业签署投资协议时，CVC 机构还会积极争取董事会席位或担任董事会席位的权利。通过参与创业企业的内部治理和运营，在位企业将熟悉该行业的运营程序和标准，并积累该行业的专业知识 (Hill et al.，2009)。再次，完成投资后，CVC 会定期访问创业企业，并建立长期的沟通机制来监督和服务企业。最后，即使创业企业最终失败，在位企业仍然可以吸收相关领域的知识和经验。

从组织间学习的角度来看，CVC 活动作为"非嵌入式体验学习" (non-embedded experimental learning)，是在位企业通过与创业企业建立股权投资关系而获取知识的中介手段，可以帮助在位企业学习知识并获得创新技术 (Keil et al.，2008；Hochberg et al.，2010)。首先，在不影响自身现有业务的前提下，在位企业可以监控行业技术前沿和市场环境的变化，并了解最新的技术和商业模式 (Keil et al.，2008；Narayanan et al.，2009)。其次，CVC 活动中的组织间学习分为探索性 (explorative) 学习和开发性 (exploitative) 学习。探索性学习可以帮助在位企业开拓技术创新和业务发展的边界，而开发性学习可以改善和增强企业现有的产品和技术 (March，1991)。最后，学者们还发现 CVC 具有实物期权的属性。投资者可以利用它来应对外部不确定性对技术创新的影响，并获得更丰富的组织间学习机会和创新的战略灵活性。在某些情况下，投资者可以通过执行实物期权来进一步控制创业企业的创新战略资源 (Ceccagnoli et al.，2017)。

综上所述，在位企业通过 CVC 活动投资的创业企业越多，对其组织间的学习以及知识的积累和创新就越有利。因此，本书提出如下假设。

H5-1：CVC 的投资强度与在位企业的创新绩效正相关。

$$Inno_{i,t} = \alpha \, CVCint_{i,t-1} + \beta \, Control_{i,t-1} + \varepsilon \qquad (5-1)$$

其中，i 为 CVC 机构，t 为 CVC 进行投资的期间。

5.2.1.2 CVC 合作联盟的组织间学习

联合投资是风险投资中的常规投资策略。联合投资关系一般被认为是竞合关系，即同时存在合作和竞争的情况。竞合联盟可以通过分担投资过程中的风险和成本 (Ritala，2012)、集合市场力量 (Park et al.，2014)、知识信息互补 (Khanna et al.，1998) 等来提高个体和团队的效率。竞合联盟为企业提供了广泛的外部学习机会 (Ritala & Hurmelinna-Laukkanen，2009)，通过组织间学习来促进企业的创新 (Bouncken & Kraus，2013)。

组织间学习是联盟知识活动的重要内容。在位企业通过 CVC 活动与其他投资机构形成竞合联盟关系，可以促进组织间重要信息和知识的转移、共享和创造（Gomes-Casseres，Hagedoorn & Jaffe，2006），且双方优势互补，有利于企业创新。

联合投资合作联盟反映了 CVC 在风险投资行业中的活跃度。与不同合作伙伴的联合投资以及与同一合作伙伴在不同 CVC 项目中的联合投资，为 CVC 机构进行行业内的组织间学习提供了大量机会。通过联合投资形成合作联盟和网络，可以弥补信息不对称和知识资本的不足（Zheng，2004）。合作联盟通过联盟网络共享经验、专业知识和信息，这是网络化程度更高的风险投资公司的基金业绩显著提高的主要原因（Hochberg et al.，2007；Hochberg，Ljungqvist & Vissing-Jorgensen，2014）。CVC 通过合作联盟，提高了其估值能力，提升了其筛选具有更大战略潜力的投资组合公司的能力（Yang et al.，2009）。合作联盟为企业带来了大量的异质性创新资源（Cobeña，Gallego & Casanueva，2017）。加入不同类型的联盟可以提高企业在战略联盟中对有针对性的创新资源的获取和吸收。因此，企业合作的联盟成员类型越多，对战略联盟形成异质化且差异化的知识结构越有利，从而有利于增强企业的创新能力（Das & Teng，2000）。总而言之，CVC 在行业内的合作越多，活跃度越高，越有利于其组织间的横向学习，越有益于在位企业的创新绩效。

综上，本书提出如下假设。

H5-2：CVC 的投资活跃度与在位企业的创新绩效正相关。

$$Inno_{i,t} = \alpha \, CVCvit_{i,t-1} + \beta \, Control_{i,t-1} + \varepsilon \qquad (5-2)$$

5.2.2　社会网络与知识能力

目前，经济社会学家已经达成共识：制度决定了经济，而经济反过来又影响制度（Granovetter，2017）。与西方社会的"社会群体"（social groups）的社会结构模式相反，作为中国基础社会结构的"差序格局"（费孝通，1948），对中国的文化和制度有着深远的影响，并且是中国个人和组织的行为的潜在驱动力（Herrmann-Pillath，2016）。现有研究中，对经济行为中的"差序格局"的研究集中应用在个人层面上，如公司治理中董事关系的影响（Luo，Cheng & Zhang，2016）、组织管理（Luo et al.，

2016)、上级对员工的绩效评估（Weng & Xu，2018）、员工的求职行为（Weng & Xu，2018）等。扩展到组织级别，"差序格局"依然有效。正如费孝通（2006）所阐明的，"差序格局"解释了中国社会的三维结构，包括水平的和弹性的以自我为中心的"差异"和垂直的刚性的等级的"秩序"。企业之间的关系也分远近亲疏，这对组织间学习的渠道、效率和绩效都有重要影响。

社会网络分析方法为研究组织间学习的行为、能力和绩效提供了一种全新的研究视角。社会网络是指社会成员及其关系的集合。它提供了一系列工具来研究非量化的社会关系，从而可以更有力地解释和研究问题。通过对企业所嵌入的社会网络结构进行分析，可以全面地理解和评估对企业运营产生重大影响的行业环境和社会结构。已有学者们尝试了引入网络指标作为变量进行风险投资绩效的实证研究（Podolny，2001；Hochberg et al.，2007；Guler & Guillen，2010）。

CVC网络是基于股权投资关系和联合投资关系的外部社会网络。外部网络是组织间基于行为建立的联系纽带，也是企业知识的重要来源（湛正群和李非，2006）。通过组织间社会网络，有策略的利用具有网络嵌入性的外部资源，是企业的重要成长机制（Venkataraman & Van de Ven，1998；Lechner & Dowling，2003）。作为一个知识处理系统，企业除了对内部知识进行整合和创新外，从外部获取知识以不断更新自身知识，是其可持续发展的重要条件。因此，企业的竞争优势不仅是源自企业内部，而且源自企业外部嵌入型的双边社会关系和网络关系中难以模仿和替代的网络能力（Dyer & Hatch，2006）。企业通过战略性地打造外部关系资产、知识流通路径以及有效的关系治理机制，建立丰富的社会关系资源，对外部知识进行有效的吸收和开发，开辟解决企业内部资源局限性的新通道（Yli - Renko，Autio & Sapienza，2001）。

如图5-2所示，根据组织之间关系的远近亲疏以及组织对网络成员控制力的强弱，CVC多层网络可以分为三个同心的"关系"圈。战略投资网络是建立在直接股权投资关系基础上的自中心网络，它表示由同一投资者投资的创业企业（投资组合）之间可以在联盟内共享知识和信息。作为投资者，CVC机构在其投资组合中拥有一定的控股权，并且这种战略联盟关系在网络中拥有最高限度的关系紧密度和控制权。CVC可以从投资组合中吸收前沿行业和市场的知识和信息（Dushnitsky & Lenox，2005）。从组织间学习的角度来看，投资组合是投资者出于战略考量选择的外部的知识组合，反映了在位企业整合外部资产的能力。因此，本书将其定义为组织间学习网络的"整合能力"（integration capability）。联合投资网络由共同投资于同一位企业的投资机构组成，以及具有联合投资关系的投资机构间的合作网络。联合投资是风险投资的一种重要的投资策略，可以减轻信息不对称并通过联盟共享知识和信息。由于联盟企业之间的知识共享强度远高于非联盟企业（Gomes-Casseres et al.，2006），企业之间的联合投资网络是在位企业获取外部知识的一种重要途径。联合投资网络只存在合作关系，并没有控制权，因此，其网络联系不如战略投资网络的关系那么紧密。另外，社会网络中的关系包括直接联系和间接联系。直接联系意味着深层的信任关系，可以促进敏感的隐性知识的交换和传播（Gulati，1995）。间接联系则是"弱连接"，可以访问到有价值的异质性信息（Granovetter，1973）。间接联系扩大了主体在社会网络中知识搜索的范围。因此，本书将联合投资网络中的直接连接定义为网络的"获取能力"（acquisition capability），间接连接定义为"连接能力"（connection capability）。

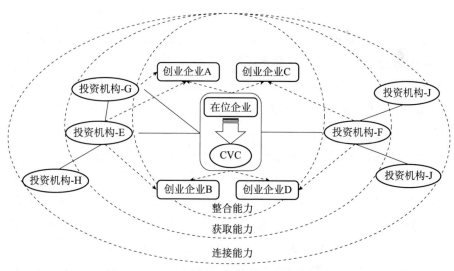

图 5-2　CVC 活动中的"关系"圈与组织间学习

5.2.2.1　整合能力的交互效应

在 CVC 自中心网络中，创业企业投资组合是 CVC 为其母公司战略目标服务而进行的外部资源的整合。创业企业之间的异质性越大，对 CVC 的整合能力的要求就越高。只有将投资组合的资源进行有效整合，才能使投资回报最大化。因此，战略投资网络中创业企业的异质性将用于衡量在位企业的整合能力。

从理论研究来看，关于战略联盟知识异质性与在位企业创新之间的关系尚未达成共识。而现有研究结论的不同主要是由于研究中所面对的影响机制的周期长短的不同导致的。创新行为是一项对未知领域的开创性工作，具有很高的成本和很大的失败的可能性（Abernathy & Clark，1985）。企业需要耗费大量资源来探索许多领域具有高失败风险的知识。短期而言，集中整合联盟网络的协作知识库中特定领域的知识或信息，可以显著增强企业的创新活动（Zheng et al.，2013）。如果专注于特定领域的知识和信息的收集，企业可以提高知识探索的效率，增强知识探索的深度，进而节省成本提高企业绩效（Katila & Ahuja，2002）。从长期来看，多元化的知识储备更有利于在位企业长期战略的实现。投资组合的异质性可以为在位企业提供潜在的机会，深入探索有关新产品概念、设计和开发的创新性思想，并摆脱限制创新思想的现有规则和程序。在位企业通过 CVC 活动建立投资组合的战略投资网络，从而可以同时访问多个战略联盟伙伴的知识或信息资源，通过构建异质性的网络知识库为企业带来新颖的创新资源，避免了技术创新的"锁定效应"，从而对自身的创新绩效产生积极影响（Srivastava & Gnyawali，2011）。通过整合联盟网络的异质性的知识和信息，可以显著增强在位企业的创新活动（Zheng et al.，2013）。

CVC 构建的战略投资网络的知识异质性体现在其投资策略多元化：投资行业多元化、投资阶段多元化和投资区域多元化（Yang et al.，2016；Colombo & Murtinu，2017；Lorenzo & Vrande，2019）。本书重点关注 CVC 的战略投资网络的行业知识多元化。不同行业的外部环境、产业结构、竞争环境和经营特点具有很大差异。通过对不同行业进行多元化投资，在位企业可以实现对不同行业知识的学习和共享（Humphery-Jenner，2013）。涉足不同行业可以获取多元化的外部资源，这些资源与在位企业的现有认知和经验更加互补，可以增加创新机会。然而，异质性知识对创新的影响是"双刃剑"。一方面，异质性知识和信息的整合在企业创新中发挥着重要作用（Grant，1996a；Rossi et al.，2017；Lorenzo & Vrande，2019）。另一方面，异质性在企业进行知识共享过程中带来内部冲突并增加协调和管理成本，因此，它需要企业更高的整合能力，并且不利于在短期内实现突破性创新（de Leeuw，Lokshin & Duysters，2014）。CVC 的战略投资网络的异质性来自 CVC 的投资活动，CVC 的投资强度和整合能力是相互影响的。因此，在增加投资强度的同时，整合能力将影响创新的提升效果。换言之，在对在位企业创新绩效的提升方面，CVC 的投资强度与整合能力之间存在交互效应。因此，本书提出如下假设。

H5-3：在位企业的整合能力与其创新绩效正相关，并且与 CVC 的投资强度存在显著的交互效应。

$$Inno_{i,t} = \alpha\, ICind_{i,t-1} + \beta\, Control_{i,t-1} + \varepsilon \tag{5-3}$$

$$Inno_{i,t} = \alpha_1 CVCint_{i,t-1} + \alpha_2 ICind_{i,t-1} +$$
$$\alpha_3 CVCint_{i,t-1} \times ICind_{i,t-1} + \beta\, Control_{i,t-1} + \varepsilon \tag{5-4}$$

5.2.2.2　获取能力的调节效应

在联合投资网络中，CVC 通过获取能力和连接能力，从投资合作伙伴中获取信息、知识和关系等资源，并将这些知识资源与自身资源禀赋进行整合以产生协同效应（Gulati，Dovev & Ravindranath，2011）。因此，在进行 CVC 活动的过程中，在位企业需要使投资活动与获取能力和连接能力相匹配，以提升创新绩效。

从社交网络的角度来看，CVC 进行联合投资促成了联合投资网络的形成。在社会网络分析中，整体网反映的是社会结构的基础，包括社会价值、体系、规范及文化对个体行为的约束及影响。通过构建 CVC 联合投资网络，衡量 CVC 作为网络行动者的"权力"（power）和"效率"（efficiency），开辟了研究组织间学习能力的新的范式。网络位置决定了企业在社会关系中可以拥有的资源的数量和质量（Ahuja，Soda & Zaheer，2012）。其中，中心度是衡量 CVC 直接控制的网络资源的重要网络指标。因此，本书采用中心度来衡量 CVC 对其合作伙伴的知识的"获取能力"。

在风险投资网络中，高中心度意味着该机构在网络中占据了核心位置，具有较高的网络影响力，拥有较大的网络资源和权力。首先，在联合投资网络中，常见的成员间的互动是互惠投资邀请（Ferrary，2010）。高中心度的风险投资机构与其他网络成员具有更多的紧密联系，更有可能被邀请参与互惠项目，能够接触更多项目，并可能被邀请参与互惠项目。同时，高质量的风险项目通常会积极邀请具有较高影响力的风险投资机构参与，以进行项目"认证"。其次，网络的主要特征是资源共享。联合投资网络促进了风险投资机构之间信息和资源的共享。高中心度的风险投资机构与其他网络成员有着更多联系，拥有广泛的信息渠道，并且可以获得更多的关于项目的"专家会诊意见"（second opinion）（Altintig, Chiu & Goktan, 2012）。

考虑到扩大联合投资对象时面临的信息不对称问题，CVC 想要提高网络中的获取能力将需要更高的成本，这将抵消网络位置带来的部分积极作用。如果获取能力不足以完全"激活"CVC 活动的作用，那么它将无法充分提升现有的创新水平。

综上所述，本书提出如下假设。

H5-4：CVC 的获取能力对 CVC 活跃度与创新绩效之间的关系具有调节作用。

$$Inno_{i,t} = \alpha_1 CVCvit_{i,t-1} + \alpha_2 ACdc_{i,t-1} + \beta\, Control_{i,t-1} + \varepsilon \qquad (5-5)$$

$$Inno_{i,t} = \alpha_1 CVCvit_{i,t-1} + \alpha_2 ACdc_{i,t-1} + \alpha_3 CVCvit_{i,t-1} \times$$
$$ACdc_{i,t-1} + \beta\, Control_{i,t-1} + \varepsilon \qquad (5-6)$$

5.2.2.3 连接能力的调节作用

在位企业与不同的合作伙伴建立起联盟网络，然而由于知识泄露的风险和联盟中存在机会主义行为，并不是所有联盟网络成员都愿意毫无保留地在整个网络中分享最新和关键的知识信息（Parkhe, 1991）。在位企业需要主动搜索和连接网络中的知识和信息，与新的合作伙伴和陌生人建立联系，以扩展学习网络并改善网络信息的可访问性。因此，本书用在位企业在网络中的信息效率来衡量其连接能力。

在社会网络分析中，弱连接和结构洞是衡量网络的信息效率的核心概念。弱连接是指连接频率低、紧密性较弱的网络连接。与强连接相比，弱连接的信息传播速度极快、成本低、效率高，可以在网络的不同子群之间传输非重复消息，从而使网络行动者有更多机会修正自己的"初始视角"（Granovetter, 1973）。同一网络中的行为者需要相互交流以减少社会结构的约束，从而获得结构性效益（Burt, 1992）。如果没有直接的沟通渠道，则必须通过中介者与其他成员进行互动，进而获取信息资源（Latora, Nicosia & Panzarasa）。具有较高中介中间度的网络行动者有更多的机会来引导网络中信息资源的流动，并在控制信息资源的流动中处于举足轻重的地位（Burt，2009）。中介位置还可以用结构洞的数量来衡量。从信息获取的角度来看，占据结构洞位置的 CVC 可以从相互没有连接的两个网络行动者处获取有用的信息。由于这两个网络行动者之间的直接信息通道并未连通，两者之间的重复信息很少，这表明，占据更多结构洞位置的 CVC 可以获得更多的非冗余信息（Burt，2009）。而从信息控制的角度来看，占据结构洞位置的机构可以从自身利益出发，来控制网络中的信息流和传递信息的内容，从而具有显著的网络信息控制优势。综上所述，本书采用结构洞指数来衡量 CVC 的网络连接能力，可以判断其在网络中的信息优势。联合投资网络基于 CVC 的联合投资活动构建，因此，CVC 连接能力对其投资活跃度的创新作用存在影响。CVC 拥有更大的结构洞效率时，将可以连接到网络中不同的合作伙伴和子群，这意味着 CVC 可以连接到不同行业和市场的信息，使得在位企业更有机会抓住新的市场发展机会并获取可持续的创新优势。因此，当在位企业拥有更大的外部信息优势时，CVC 的活跃度在促进创新中将发挥更大的作用。本书提出下述假设。

H5-5：CVC 的连接能力对 CVC 活跃度与创新绩效之间的关系具有调节作用。

$$Inno_{i,t} = \alpha_1 CVCvit_{i,t-1} + \alpha_2 CCsh_{i,t-1} + \beta\, Control_{i,t-1} + \varepsilon \qquad (5-7)$$

$$Inno_{i,t} = \alpha_1 CVCvit_{i,t-1} + \alpha_2 CCsh_{i,t-1} + \alpha_3 CVCvit_{i,t-1} \times CCsh_{i,t-1} +$$
$$\beta\, Control_{i,t-1} + \varepsilon \qquad (5-8)$$

本章的研究框架如图 5-3 所示。

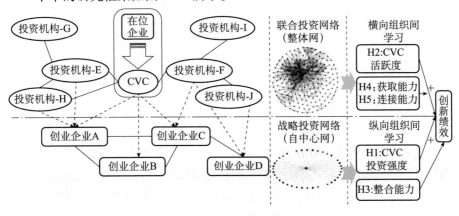

图 5-3　CVC 多层网络研究框架

5.3　数据样本与研究方法

5.3.1　研究样本

本书研究实证分析数据来自清科私募通数据库（PEDATA）。私募通是中国创业与投资的大数据平台，是中国股权投资领域最全面的专业数据库。该数据库收录了自1999年至今的中国风险投资机构的基本信息、投资事件、退出事件等数据。研究样本为国内上市公司建立的CVC机构的投资活动。为保证统计结果的可靠性并尽量避免偶然因素，本书按照如下标准筛选CVC机构：选取清科私募通数据库中投资事件数不少于4起的VC共1 511家（张学勇和廖理，2011；傅嘉成和宋砚秋，2016），然后逐一核查股东构成，判断股东所处行业，最终选取控股股东为非金融类上市公司的CVC机构共119家。对于数据缺失部分，通过CVSource数据库和CVC机构的官方网站等渠道补充完整，未能得到补充者均被剔除。企业及机构的成立时间、注册地址和股东等信息则从国家企业信用信息公示系统（www. gsxt. gov. cn）获取。

本书从私募通数据库中提取出这119家CVC机构在2000~2017年间进行的4 553个投资事件，并获得了被投资企业的基本信息、所属行业、所在区域、其他投资者等信息，构成了119家CVC机构的时间序列投资数据。从国泰安CSMAR数据库中获取上市公司的财务数据和专利数据。由于国泰安数据库中专利申请数据只更新到2015年，后续计量中变量计算也对应到该时间点。

5.3.2　研究方法

5.3.2.1　面板负二项回归

本书研究采用面板负二项回归模型来检验上市公司CVC的创新机制。由于上市公司的技术和资本积累对其专利申请有显著影响，参考之前学者的研究（Lee et al. ，2018），本书在面板负二项模型中对因变量采取了滞后一期。

由于因变量专利申请量是非负离散计数变量，应使用泊松回归或负二项回归计数模型。而泊松回归要求因变量的均值和方差相同，研究样本中专利申请数量的方差是其均值的 4 倍，明显存在过度分散的情况，此时应使用负二项回归来提高模型的估计效率（Hausman，Hall & Griliches，1984；Yang & Han，2019）。负二项回归是泊松回归的广义形式，更适用于样本过度分散的情况。为了验证这一判断，本书使用 Stata15.0 进行了混合负二项 + 聚类稳健标准误回归。结果显示，过度分散参数 α 的 95% 置信区间为 [0.50，3.27]，显著拒绝 "H_0：$\alpha = 0$" 的零假设并且存在超分散，即认为应该使用负二项回归模型。

本书针对面板数据进行了 Hausman 检验，用于确定面板回归的固定效应和随机效应。结果显示，$chi2 = 36.17$ 且 $Prob > chi2 = 0.000$，强烈拒绝原假设，认为应该使用固定效应。综上，本书采用面板负二项固定效应模型进行实证检验。

5.3.2.2 网络构建与指标衡量

参考之前学者的研究（Hochberg et al.，2007；Hochberg et al.，2015），本书采用 5 年时间窗来构建 CVC 自中心网和整体网。一方面，5 年周期可以保证投资机构有充分的时间来确认合作伙伴和投资组合；另一方面，也可以避免由于周期过长而导致的信息过期失效。为了检验网络的动态影响，本书采用移动时间窗作为年度度量来识别网络累积性质。例如，第一个 CVC 网络基于 2000 年 1 月 1 日至 2004 年 12 月 31 日的投资事件构建，第二个网络基于 2001 年 1 月 1 日至 2005 年 12 月 31 日的投资事件构建，以此类推。CVC 联合投资网络和战略投资网络均基于 5 年的移动时间窗口来构建。

CVC 联合投资网络是基于联合投资的整体网。网络节点为投资者，边为共同投资与同一家创业企业的合作关系。通过分析节点之间的关系来阐释节点的网络特征。通常来说，节点的中心度表示节点在网络中的"权力"。已有研究已经将中心度作为社会资本的衡量指标来进行实证研究（Hochberg et al.，2007；党兴华、张晨和佟丽丽，2016；罗吉、党兴华和王育晓，2016a；石琳、党兴华和韩瑾，2016）。如图 5 - 4 所示，联合投资网络（a）中展示了行业内的"关系"情况，网络行动者个体的网络特征可以通过（b）中进行详细的网络结构分析。

CVC 战略投资网络是以 CVC 机构为中心的自中心网络。网络的中心节点为 CVC 机构，其他节点为投资组合中的各个创业企业，连边为股权投资

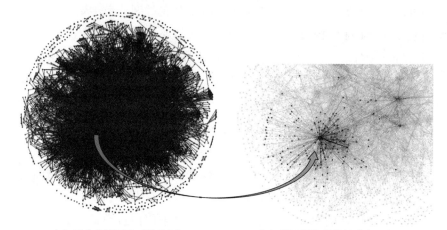

（a）联合投资网络（整体网）　　　　（b）腾讯投资所处的联合投资网络

图 5 – 4　2011～2015 年 CVC 联合投资网络

关系。由于自中心网络的网络结构同质性，本书重点关注每个自中心网络的内部异质性，如网络内部节点的行业和区域的差异等。如图 5 – 5 所示，在腾讯投资的 2011～2015 年自中心网络中，节点的不同形状代表了投资组合的行业差异。

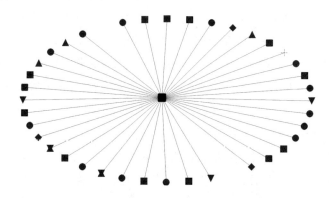

图 5 – 5　2011～2015 年腾讯投资战略联盟网

5.3.3　变量定义及衡量

5.3.3.1　因变量

研发支出、专利申请数、专利授权数以及专利引用量均为常用的衡量技术创新绩效的代理变量（Ahuja & Lampert，2001；Wadhwa et al.，

2016)。参考之前学者的研究 (Wadhwa & Basu, 2016; Lee et al., 2018)，本书使用特定时期内企业的专利申请量作为创新绩效的代理变量。在中国的经济环境下，随着专利重要性的日益提高，专利已成为许多行业的门槛，尤其是新兴的高科技行业。在位企业不仅将专利作为防御竞争对手和行业新进入者"盾牌"，还将其作为占领新市场份额的"武器"(Bouncken & Kraus, 2013; Lee et al., 2018)。此外，专利数量还彰显了在位企业的技术水平和创新能力。因此，在位企业为保有其已有的创新优势，仍会注重专利的申请和授权。因此，本书研究采用专利申请数来衡量在位企业的创新绩效。

$$Inno_{i,t} = Patent\ application_{i,t} \tag{5-9}$$

其中，i 为 CVC 投资机构，t 为投资期间。

由于新专利申请从技术研发开始通常需要一年到几年的时间，因此，紧随 CVC 进行投资之后的专利申请实际上可能是之前研发的结果 (Hausman et al., 1984)。参考之前学者的研究 (Wadhwa et al., 2016; Belderbos et al., 2018; Lee et al., 2018)，本书在回归中采用滞后一期的因变量，即 $t-1$ 期的自变量对应 t 期的因变量。

5.3.3.2　自变量

CVC 的投资强度为当期 CVC 的投资事件数，即 CVC 在 5 年时间窗内的投资事件。投资强度显示了投资者当期的投资态度。为了便于实证研究，保证数据的连续性和正态分布，本书对投资事件数进行对数化处理。

$$CVCint_{i,t} = log(1 + CVC\ investments\ number_{i,t}) \tag{5-10}$$

CVC 活跃度为其联合投资行为强度，即 CVC 参与的联合投资事件占该 CVC 当期全部投资事件数的比例。CVC 活跃度衡量了机构在行业内的连通整合能力。

$$CVCvit_{i,t} = \frac{syn_{i,t}}{CVCinv_{i,t}} \tag{5-11}$$

5.3.3.3　调节变量

整合能力衡量的是 CVC 的自中心网络中对异质性知识和信息的整合能力，采用投资组合的行业的分散程度来对其进行衡量。根据之前学者的研究（Gompers et al.，2009；Matusik & Fitza，2012），本书采用赫芬达尔指数（Herfindahl-Hirschman Index，HHI）作为其代理变量。

$$ICind_{i,t} = \sum_{j=1}^{m} \left(\frac{investments_{i,t}^{j}}{CVCinv_{i,t}} \right)^2 \qquad (5-12)$$

其中，j 为 CVC 在 t 期间所投资的某一行业，m 为 CVC 的投资事件涉及的行业的总数。

获取能力是 CVC 在联合投资网络中可以与合作伙伴直接共享知识和信息的能力。在社会网络分析中，中心度是描述节点的重要性和影响力的重要概念。中心度是指网络中与该节点直接连接的网络节点的数量。在 CVC 联合投资网络中，节点的中心度代表的是与该 CVC 有直接联合投资合作关系的投资机构的数量。可见，中心度是 CVC 获取能力的理想的代理变量。同样，本书对变量进行了对数化处理。

$$ACdc_{i,t} = \log (1 + p_{i,t}) \qquad (5-13)$$

其中，p 为与节点 i 直接连接的节点的数量，即节点 i 的网络中心度。

连接能力采用 CVC 在合作网络中的结构洞有效规模来进行衡量，即在网络中可达的子群数量。有效规模是个体网规模减去网络冗余度，即有效规模等于网络中非冗余因素（Burt，2009）。

$$CCsh_{i,t} = \sum_{a} \left(1 - \sum_{b} u_{ib}v_{ab} \right) = N - \frac{1}{N} \sum_{a} \sum_{b} v_{ab} \qquad (5-14)$$

其中，a 为与中心点 i 相连的所有节点；b 为除了 i 和 a 的每一个其他节点；$u_{ib}v_{ab}$ 为节点 i 和特定点 a 之间的冗余度；u_{ib} 为 i 投入 b 的关系所占的比例，对于二值网络，$u_{ib} = 1/N$，N 为网络规模；v_{ab} 为节点 i 的自我网络中移除节点 a 后的中心度。

5.3.3.4　控制变量

根据已有研究，专利申请数受企业的经营状况和财务状况的影响。参考学者们之前的研究，本书选取如下企业指标作为控制变量。

（1）盈利能力，采用资产回报率（ROA）来进行衡量（Gu & Qian，2018）。

（2）资产规模，采用年末资产总额的对数（Gu & Qian，2018；Lee et al.，2018）。

（3）成长能力，采用主营业务收入增长率（Gu & Qian，2018）。

表 5 - 1　变量定义及公式

变量类型	变量名称	变量标记	变量含义	变量计算公式
因变量	创新绩效	$Inno_{i,t}$	在位企业 i 在 t 期的专利申请数量	$Inno_{i,t} = Patent\ application_{i,t}$
自变量	CVC 的投资强度	$CVCint_{i,t}$	在位企业 i 在 t 期进行的 CVC 投资事件的数量	$CVCint_{i,t} = \log\ (1 + CVC\ investment\ number_{i,t})$
	CVC 的投资活跃度	$CVCvit_{i,t}$	在位企业 i 在 t 期进行的 CVC 联合投资事件的比例	$CVCvit_{i,t} = \dfrac{syn_{i,t}}{CVCinv_{i,t}}$
调节变量	整合能力	$ICind_{i,t}$	CVC 战略投资网络的行业异质性	$ICind_{i,t} = \sum\limits_{j=1}^{m} \left(\dfrac{investments_{i,t}^{j}}{CVCinv_{i,t}} \right)^{2}$
	获取能力	$ACdc_{i,t}$	CVC 在联合投资网络的中心度	$ACdc_{i,t} = \log\ (1 + p_{i,t})$
	连接能力	$CCsh_{i,t}$	CVC 在联合投资网络的结构洞有效规模	$CCsh_{i,t} = N - \dfrac{1}{N} \sum\limits_{a} \sum\limits_{b} v_{ab}$
控制变量	盈利能力	$roa_{i,t}$	在位企业 i 在 t 期的平均资产净利润率	$roa_{i,t} = \dfrac{net\ porfit_{i,t}}{total\ asset_{i,t}}$
	资产规模	$asset_{i,t}$	在位企业 i 在 t 期末的资产总额的对数	$asset_{i,t} = \log\ (asset_{i,t})$
	成长能力	$grow_{i,t}$	在位企业 i 在 t 期的平均主营业务增长率	$grow_{i,t} = \dfrac{revenue_{i,t} - revenue_{i,t-1}}{revenue_{i,t-1}}$
	财务状况	$lev_{i,t}$	在位企业 i 在 t 期末的财务杠杆	$lev_{i,t} = \dfrac{liability_{i,t}}{asset_{i,t}}$
	资本性支出	$ce_{i,t}$	在位企业 i 在 t 期的资本性支出的对数	$ce_{i,t} = \log(capital\ expenditure_{i,t})$
	长期成长潜力	$tbq_{i,t}$	在位企业 i 在 t 期末的托宾 Q	$tbq_{i,t} = \dfrac{company\ market\ value_{i,t}}{asset\ replacement\ cost_{i,t}}$

（4）财务状况，采用财务杠杆（Gu & Qian，2018）。

（5）资本性支出，采用当期资本性支出的对数（Sakaki & Jory，2019）。

（6）长期成长潜力，采用托宾 Q（Sakaki & Jory，2019）。

表 5-1 中汇总了本章实证研究中涉及的所有变量。

5.4 实证结果分析与讨论

5.4.1 面板数据的统计性分析

研究样本为非平衡面板数据，通过对样本进行统计性描述（见表 5-2），可以看出，中国 CVC 起步较晚，而近 10 年是 CVC 迅速发展的时期。82.57% 的 CVC 的投资活动集中近 10 年间，9.17% 的 CVC 成立于近 5 年。

表 5-2 面板数据的描述性统计

频率	百分比（%）	累积百分比（%）	分布形式
89	79.82	79.82	111111111111
6	5.5	85.32	……111111
3	2.75	88.07	…….11111
3	2.75	90.83	..1111111111
3	2.75	93.58	……….1
2	1.83	95.41	……….11
1	0.92	96.33	…111111111
1	0.92	97.25	………….111
1	0.92	98.17	…….1111
2	1.83	100	其他分布形式
109	100		XXXXXXXXXXXX

表 5-3 中展示了研究样本的描述性统计结果。因变量上市企业的专利申请数均值为每年 97 件，远高于规模以上高技术制造业的均值 7.89[①]，说

---

① 国家统计局. 第四次全国经济普查公报（第六号）[EB/OL]. [2019-11-20]. http://www.stats.gov.cn/xxgk/sjfb/tjgb2020/201911/t20191120_1768645.html.

明了上市企业对于专利较为重视。一方面，上市企业拥有充足的资金和企业积累资源来支持自身的研发创新；另一方面，上市企业从战略上更加重视创新对企业可持续发展的作用。上市企业进行 CVC 的投资的强度为每 5 年 19 次。投资活跃度为 35.9% 的投资与其他机构进行合作。相较于风险投资行业的 80% 的联合投资比例（Wang et al., 2015），CVC 投资的活跃度依然处于一个较低的水平，在整个风险投资行业中的影响力依然较弱。

表 5 - 3　　　　　变量的描述性统计（$N = 1\,183$）

变量标识	变量名称	均值	标准差
Inno	创新绩效	97.817	464.886
CVCint	CVC 强度	1.384	1.554
CVCvit	CVC 活跃度	0.359	0.376
ICind	整合能力	0.189	0.234
ACdc	获取能力	9.392	17.920
CCsh	连接能力	15.694	58.817
roa	盈利能力	0.039	0.069
asset	资产规模	9.671	0.589
rev	成长能力	0.325	4.112
lev	财务状况	0.498	0.201
ce	资本性支出	8.221	0.846
tbq	长期成长潜力	1.757	1.210

表 5 - 4 中展示了样本变量的相关系数。与常识相符的是，企业越有资本实力和成长潜力，其创新绩效越好。ROA、资产规模、收入增长率、资本性支出均与创新绩效显著正相关。自变量与控制变量之间没有显著的强相关（相关系数 >0.4）。调节变量与自变量之间的交互关系将在回归结果部分进行分析讨论。

表 5 – 4

Spearman & Pearson 相关系数

变量	Inno	CVCint	CVCvit	ICind	ACdc	CCsh	roa	asset	grow	lev	ce	tbq
Inno	1	0.000	0.032	0.026	0.026	0.020	0.104***	0.114***	0.127***	-0.009	0.099***	-0.044
CVCint	-0.021	1	0.790***	0.733***	0.777***	0.702***	0.090***	0.255***	-0.207***	0.005	0.007	-0.048*
CVCvit	0.018	0.254***	1	0.761***	0.644***	0.638***	0.066**	0.281***	-0.180***	0.062**	0.005	-0.033
ICind	0.031	0.097***	0.718***	1	0.549***	0.558***	0.124***	0.158***	-0.081***	-0.023	0.035	0.040
ACdc	0.347***	0.652***	0.217***	0.113***	1	0.935***	0.077***	0.190***	-0.129***	-0.013	-0.040	0.018
CCsh	0.076***	0.046	0.326***	0.309***	0.340***	1	0.075***	0.164***	-0.107***	-0.023	-0.047	0.039
roa	-0.007	0.071**	0.025	0.082***	0.129***	0.079***	1	0.078***	0.281***	-0.450***	0.282***	0.185***
asset	0.202***	0.148***	0.270***	0.138***	0.162***	0.024	0.035	1	-0.090***	0.273***	0.029	-0.410***
rev	0.022	-0.115***	-0.104***	-0.044	-0.041	0.024	0.183***	-0.028	1	-0.026	0.299***	0.051*
lev	0.089***	-0.104***	0.074**	0.000	-0.105***	-0.013	-0.462***	0.236***	-0.044	1	-0.126***	-0.488***
ce	-0.015	0.018	0.071**	0.118***	0.014	0.003	0.049*	-0.016	-0.019	-0.120***	1	-0.002
tbq	-0.058**	-0.035	-0.069**	0.058**	-0.025	-0.010	0.135***	-0.384***	-0.026	-0.319***	-0.002	1

注：表格上三角报告 Spearman 相关系数，下三角报告 Person 相关系数；***、**和*分别表示在1%、5%和10%的水平上显著。

5.4.2　实证结果分析

　　本章实证采用面板负二项固定效应模型研究 CVC 多层网络对企业创新绩效的影响。回归采用稳健标准误，包含时间和个体固定效应。回归结果见表 5 - 5。模型（1）为 CVC 的投资强度对创新绩效的影响，模型（2）和模型（3）验证整合能力的交互效应。模型（4）为 CVC 的投资活跃度对创新绩效的影响。模型（5）~ 模型（8）检验获取能力和连接能力的调节效应。控制变量中，资产规模与在位企业创新显著正相关（$p < 0.01$），说明资本实力更强的企业更有能力支撑自身的研发创新。托宾 Q 与创新绩效也显著正相关。但资本性支出与创新绩效呈现显著负相关，这可能是由于企业内部资源的有限性导致资本性支出与研发支出之间存在资源的争夺。从统计回归结果来看，ROA、财务杠杆、收入增长率这些相对短期内的指标与在位企业创新绩效之间的关系并不显著。

表 5 - 5　　　　　　　　　面板负二项回归结果

创新绩效	模型（1）	模型（2）	模型（3）	模型（4）	模型（5）	模型（6）	模型（7）	模型（8）
$CVCint$	0.135 ***		0.255 ***					
	(0.041)		(0.083)					
$ICind$		0.560 **	0.551					
		(0.241)	(0.404)					
$CVCint \times ICind$			- 0.303 **					
			(0.149)					
$CVCvit$				0.471 ***	0.468 ***	0.368 ***	0.465 ***	0.369 ***
				(0.142)	(0.143)	(0.141)	(0.143)	(0.142)
$ACdc$				0.000	- 0.030 ***			
				(0.001)	(0.009)			
$CVCvit \times ACdc$					0.042 ***			
					(0.012)			
$CCsh$							0.001	- 0.043 ***
							(0.001)	(0.013)
$CVCvit \times CCsh$								0.059 ***
								(0.018)
roa	0.610	0.494	0.698	0.532	0.532	0.400	0.537	0.424
	(0.737)	(0.748)	(0.735)	(0.764)	(0.764)	(0.789)	(0.764)	(0.794)

创新绩效	模型（1）	模型（2）	模型（3）	模型（4）	模型（5）	模型（6）	模型（7）	模型（8）
Grow	−0.001	−0.008	0.004	−0.015	−0.014	−0.011	−0.013	−0.012
	(0.060)	(0.060)	(0.059)	(0.060)	(0.060)	(0.060)	(0.060)	(0.060)
asset	1.077***	1.130***	1.089***	1.079***	1.069***	1.056***	1.064***	1.038***
	(0.158)	(0.158)	(0.157)	(0.160)	(0.163)	(0.163)	(0.162)	(0.161)
lev	0.363	0.263	0.403	0.234	0.232	0.164	0.233	0.161
	(0.366)	(0.367)	(0.364)	(0.367)	(0.367)	(0.368)	(0.367)	(0.368)
ce	−0.317***	−0.328***	−0.313***	−0.337***	−0.334***	−0.345***	−0.333***	−0.343***
	(0.113)	(0.114)	(0.112)	(0.115)	(0.115)	(0.116)	(0.115)	(0.116)
tbq	0.150***	0.164***	0.146***	0.146***	0.145***	0.153***	0.144***	0.152***
	(0.051)	(0.051)	(0.051)	(0.052)	(0.052)	(0.052)	(0.052)	(0.052)
_cons	−8.476***	−8.751***	−8.803***	−8.241***	−8.171***	−7.819***	−8.131***	−7.662***
	(0.992)	(0.990)	(0.993)	(1.014)	(1.034)	(1.038)	(1.027)	(1.032)
N	565	565	565	565	565	565	565	565
ll	−1914.070	−1916.668	−1911.885	−1913.675	−1913.614	−1907.852	−1913.431	−1908.107
chi2	112.02	101.39	111.35	104.79	105.48	118.93	106.27	119.05

注：***、**和*分别表示在1%、5%和10%的水平上显著。

5.4.2.1　在位企业进行 CVC 活动可以获取更高的创新绩效

从表 5−5 的模型（1）的结果中可以看出，CVC 的投资强度与在位企业的专利申请数显著正相关（$\beta = 0.135$，$p < 0.01$），H5-1 得到验证。为了避免样本的内生性问题，也就是说，创新性更好的公司更愿意进行 CVC 的投资活动，本书对样本进行了 T 检验和 ERM（extended regression model）模型回归。表 5−6 为 T 检验的结果。本书对比进行了 CVC 活动和没有进行 CVC 活动的样本，结果显示，样本间存在显著差异，进行 CVC 投资的样本的创新效率显著更高。表 5−7 为 ERM 模型回归结果，结果显示，显著拒绝原假设，即进行 CVC 活动可以获得更高的创新绩效。

表 5−6　　　　　　　　是否进行 CVC 活动的组间 T 检验

变量	组1 （无 CVC 活动）	均值1	组2 （进行 CVC 活动）	均值2	均值差异
inno	511	35.726	672	145.033	−109.307***
CVCint	511	0	672	2.436	−2.436***
CVCvit	511	0	672	0.632	−0.632***

续表

变量	组1 （无 CVC 活动）	均值1	组2 （进行 CVC 活动）	均值2	均值差异
ICind	511	0	672	0.332	− 0.332 ***
ACdc	511	0	672	39.432	− 39.432 ***
CCsh	511	0	672	27.627	− 27.627 ***
lev	511	0.493	672	0.502	− 0.01
roa	511	0.037	672	0.039	− 0.002
asset	511	9.522	672	9.784	− 0.262 ***
ce	511	8.066	672	8.339	− 0.273 ***
grow	511	0.502	672	0.19	0.312
tbq	511	1.717	672	1.788	− 0.071

注：＊＊＊、＊＊和＊分别表示在 1%、5% 和 10% 的水平上显著。

表 5 - 7　　　　　　　　　　ERM 内生性检验结果

IV	区域		行业	
检验	ATE	ATET	ATE	ATET
CVC（0 - 1）	423.546 *** (47.992)	462.576 *** (48.612)	− 1 477.792 *** (359.369 6)	− 1 437.663 *** (359.159)
CVCint	104.196 *** (39.687)	309.298 *** (48.324)	− 573.595 *** (102.262)	− 816.805 *** (167.91)

注：表中报告的值为处理效应的余量，括号内为增量法标准误。＊＊＊、＊＊和＊分别表示在 1%、5% 和 10% 的水平上显著。

5.4.2.2　CVC 的投资强度与整合能力之间存在显著的交互效应

表 5 - 5 中模型（2）的结果表明，CVC 整合能力与在位企业的创新绩效显著正相关（$\beta = 0.560$，$p < 0.01$）。模型（3）的结果表明，交叉项统计上显著（$p < 0.05$）且主效应显著性不变的情况下系数显著提升（CVCint 的系数 β 由 0.135 增至 0.255）。H5-3 成立。图 5 - 6 为 CVC 的投资强度与整合能力的交互效应示意图。从图 5 - 6 中可以看出，整体而言，整合能力较高的在位企业的创新绩效水平较高，同时，在整合能力要求较高时，提高投资强度反而不利于在位企业创新绩效的提升。换言之，当投资组合异质性较高时，对在位企业的整合能力提出了较高的要求，再盲目扩大 CVC 的投资强度并不会给企业的创新绩效带来进一步的提升。

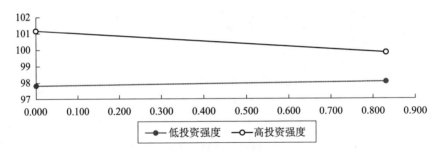

图 5 - 6 CVC 的投资强度与整合能力的交互效应

5.4.2.3 获取能力和连接能力对 CVC 的投资活跃度存在调节效应

模型（4）的结果验证了 H5-2，CVC 的投资活跃度对在位企业创新绩效存在显著的促进作用（$\beta = 0.471$，$p < 0.01$）。这说明与联合投资伙伴的合作互动有益于在位企业扩大社会网络，进行组织间学习，获取外部知识和社会资本，进而提升自身的创新绩效。模型（5）和模型（6）的结果支持了 H5-4，CVC 在合作网络中的获取能力显著调节投资活跃度对创新绩效的提升作用（交叉项 $\beta = 0.042$，$p < 0.01$）。图 5 - 7 为获取能力的调节效应示意。由图 5 - 7 可知，整合能力越高，投资活跃度对创新绩效的边际效应越大。当在位企业在联合投资网络中的合作伙伴越多时，提高 CVC 的联合投资比例将获得更高的创新绩效。

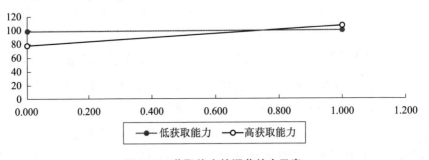

图 5 - 7 获取能力的调节效应示意

模型（7）和模型（8）的结果验证了 H5-5，连接能力对 CVC 的投资活跃度的创新绩效提升作用存在显著的调节作用（交叉项 $\beta = 0.059$，$p < 0.01$）。图 5 - 8 展示了连接能力的调节效应。在位企业在 CVC 合作联盟中的链接能力越强，在网络中的信息效率越高，提高联合投资比例的边际效应越大。

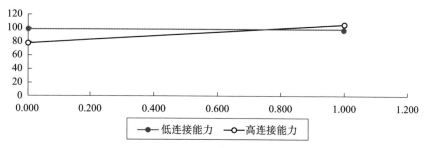

图 5 - 8 连接能力的调节效应示意

5.4.3 稳健性检验

为了检验实证结果的稳健性，本书采用了 2 年滞后期模型和 2SLS 模型，结果见表 5 - 8 和表 5 - 9。稳健性检验得到了类似的结果，主效应和调节效应的显著性略有提升，均在 $p < 0.01$ 水平上显著，变量系数 β 也有小幅增加。稳健性检验的结果支持了实证检验结果。

表 5 - 8 面板负二项回归结果（2 年滞后期）

因变量	创新绩效							
	模型（1）	模型（2）	模型（3）	模型（4）	模型（5）	模型（6）	模型（7）	模型（8）
CVCint	0.109 ***		0.169 **					
	(0.040)		(0.078)					
ICind		0.552 **	0.576					
		(0.231)	(0.396)					
CVCint × ICind			− 0.237 *					
			(0.150)					
CVCvit				0.409 ***	0.405 ***	0.339 ***	0.405 ***	0.337 ***
				(0.130)	(0.131)	(0.129)	(0.131)	(0.129)
ACdc				0.000	− 0.029 ***			
				(0.001)	(0.009)			
CVCvit × ACdc					0.040 ***			
					(0.013)			
CCsh							0.000	− 0.044 ***
							(0.001)	(0.013)
CVCvit × CCsh								0.061 ***
								(0.018)
roa	0.590	0.473	0.670	0.662	0.655	0.701	0.654	0.688
	(0.764)	(0.753)	(0.769)	(0.796)	(0.796)	(0.798)	(0.796)	(0.797)

续表

因变量	创新绩效							
	模型（1）	模型（2）	模型（3）	模型（4）	模型（5）	模型（6）	模型（7）	模型（8）
grow	−0.001	−0.010	−0.001	−0.006	−0.004	−0.003	−0.004	0.000
	(0.060)	(0.061)	(0.060)	(0.062)	(0.061)	(0.062)	(0.061)	(0.061)
asset	1.005***	1.060***	1.016***	0.982***	0.968***	0.933***	0.965***	0.927***
	(0.167)	(0.166)	(0.166)	(0.169)	(0.172)	(0.173)	(0.172)	(0.173)
lev	0.246	0.175	0.277	0.216	0.216	0.198	0.216	0.191
	(0.390)	(0.388)	(0.389)	(0.392)	(0.391)	(0.394)	(0.391)	(0.394)
ce	−0.293**	−0.320***	−0.300**	−0.292**	−0.287**	−0.281**	−0.285**	−0.281**
	(0.117)	(0.118)	(0.117)	(0.118)	(0.119)	(0.120)	(0.119)	(0.120)
tbq	0.150***	0.156***	0.150***	0.147***	0.146***	0.158***	0.146***	0.158***
	(0.053)	(0.053)	(0.053)	(0.054)	(0.054)	(0.054)	(0.054)	(0.054)
_cons	−7.811***	−8.025***	−7.959***	−7.572***	−7.482***	−7.118***	−7.461***	−7.045***
	(1.060)	(1.055)	(1.053)	(1.079)	(1.102)	(1.111)	(1.103)	(1.114)
N	531	531	531	531	531	531	531	531
ll	−1811.835	−1812.640	−1810.323	−1810.423	−1810.344	−1805.069	−1810.306	−1804.766
chi2	85.12	80.88	85.25	84.74	85.42	98.42	85.67	99.10

注：***、**和*分别表示在1%、5%和10%的水平上显著。

表5−9　　　　　　　　　2SLS 回归结果

因变量	创新绩效			
	模型（1）	模型（2）	模型（3）	模型（4）
CVC	140.302*			
	(74.502)			
CVCint		43.873*		
		(23.183)		
CVCvit			139.726*	
			(74.224)	
ICind				332.234*
				(175.549)
roa	215.674*	222.556*	191.577	220.575*
	(124.482)	(124.279)	(123.930)	(124.148)
grow	−0.960	−1.051	−0.916	−1.013
	(1.606)	(1.588)	(1.612)	(1.592)
asset	53.635	69.598	63.877	58.086
	(49.921)	(43.057)	(45.601)	(47.772)

续表

因变量	创新绩效			
	模型（1）	模型（2）	模型（3）	模型（4）
lev	117. 635 *	105. 963 *	80. 302	120. 211 *
	（64. 109）	（62. 611）	（62. 453）	（64. 131）
ce	22. 503	18. 587	19. 070	22. 883
	（18. 063）	（17. 867）	（17. 962）	（17. 997）
tbq	2. 565	3. 944	2. 551	5. 963
	（7. 027）	（6. 765）	（7. 033）	（6. 564）
_cons	− 743. 389 *	− 842. 999 **	− 764. 883 *	− 778. 976 **
	（401. 978）	（357. 683）	（392. 739）	（384. 583）
N	1074	1074	1074	1074
chi2	330. 22	333. 50	329. 97	333. 51

注： *** 、 ** 和 * 分别表示在 1% 、 5% 和 10% 的水平上显著。

5.4.4　在位企业 CVC 战略的进一步分析

5.4.4.1　CVC 是在位企业提升创新的重要战略选择

实证结果表明，CVC 的投资的强度和活跃度对于在位企业的创新绩效有着积极的促进作用。CVC 是在位企业对新技术和新市场进行监控的重要途径和方式，在投资过程中，一方面，通过与其他投资机构建立合作关系，分享关于新技术、新行业、新市场的相关知识和信息；另一方面，在对创业企业投资和指导的过程中，深入了解创新技术。从长远来看，CVC 对在位企业的创新有重大影响，不仅有利于在位企业进行技术创新，更有利于在位企业把握技术发展趋势，抢占市场先机。

为了验证在位企业的战略选择，本书对 CVC 的投资活动对短期财务绩效的影响进行了实证检验，结果见表 5 - 10。本书将净利润增长率作为因变量，检验 CVC 活动对滞后一期的财务绩效的影响。结果表明，CVC 活动在短期内对财务绩效并没有显著的提升作用。这说明在位企业进行 CVC 活动更重视获取创新的战略效益。在位企业发展到一定阶段，企业达到一定的规模，具有可持续发展的能力。对在位企业而言，短期盈利能力波动对企业发展的影响较为有限。企业在战略选择上更加重视长期竞争优势的获取。因此，在位企业进行 CVC 活动更多的是出于企业长期发展的战略选择。

表 5 – 10　　　　　　　　　CVC 活动对财务绩效的影响

因变量	利润增长率							
	模型（1）	模型（2）	模型（3）	模型（4）	模型（5）	模型（6）	模型（7）	模型（8）
$CVCint$	0.879		0.781					
	(0.633)		(0.888)					
$ICind$		5.915	7.752*					
		(3.871)	(5.752)					
$CVCint \times ICind$			−1.604					
			(1.351)					
$CVCvit$				1.939	2.022*	2.266*	2.003*	2.290*
				(1.524)	(1.509)	(1.528)	(1.513)	(1.535)
$ACdc$					0.005	0.094*		
					(0.005)	(0.071)		
$CVCvit \times ACdc$						−0.122		
						(0.096)		
$CCsh$							0.006	0.169*
							(0.006)	(0.115)
$CVCvit \times CCsh$								−0.222*
								(0.155)
roa	−7.464	−7.558	−7.481	−7.953	−7.833	−7.676	−7.818	−7.605
	(9.806)	(9.801)	(9.811)	(9.701)	(9.731)	(9.719)	(9.733)	(9.715)
$grow$	−0.404	−0.456	−0.415	−0.417	−0.410	−0.408	−0.410	−0.402
	(0.450)	(0.455)	(0.468)	(0.449)	(0.447)	(0.445)	(0.447)	(0.445)
$asset$	0.561	0.299	0.371	0.316	0.284	0.097	0.286	0.091
	(7.379)	(7.326)	(7.349)	(7.379)	(7.361)	(7.360)	(7.364)	(7.365)
lev	7.701	7.856	8.247	7.075	6.835	6.885	6.892	7.027
	(6.772)	(6.796)	(6.955)	(6.839)	(6.738)	(6.768)	(6.764)	(6.806)
ce	−4.363*	−4.284*	−4.296*	−4.330*	−4.268*	−4.167*	−4.281*	−4.175*
	(2.476)	(2.466)	(2.471)	(2.478)	(2.453)	(2.443)	(2.458)	(2.440)
tbq	−0.621	−0.498	−0.611	−0.679	−0.660	−0.668	−0.663	−0.672
	(1.487)	(1.434)	(1.424)	(1.502)	(1.514)	(1.515)	(1.512)	(1.513)
$\_cons$	25.974	27.778	26.324	29.378	29.046	29.710	29.143	29.724
	(67.670)	(67.046)	(67.376)	(67.745)	(68.059)	(68.107)	(67.973)	(68.034)
N	632	632	632	632	632	632	632	632
R^2	0.178	0.181	0.182	0.178	0.179	0.179	0.178	0.180

注：***、**和*分别表示在 1%、5% 和 10% 的水平上显著。

5.4.4.2　在位企业需有效整合 CVC 的投资组合以提升创新

由于股权投资的关系，CVC 的投资组合是在位企业社会网络中关系最紧密的战略伙伴，也是在位企业进行组织间学习强度和深度最大的学习伙伴。就在位企业的知识积累而言，CVC 的投资组合的异质性越高，越有利于在位企业知识库的扩大以及与现有知识的碰撞以激发创新。创新需要新的知识、新的技术和在当前业务中进行新的应用。在位企业扩大知识储备对持续创新有着重要的作用。通过 CVC 进行多元化投资，在位企业可以盯紧行业、市场、技术的前沿，吸收新的信息和知识，把握新的技术窗口和市场机遇。知识的积累和创新都是需要一定时间周期的，在之前的实证检验中，本书发现过去 5 年 CVC 的积累会对创新产生显著的促进作用，因此，在位企业进行 CVC 活动投资要有长期的规划，对投资组合进行战略性的选择和整合，以更大程度地提升自身的创新。

5.4.4.3　良好的网络能力有益于在位企业获取外部创新资源

CVC 的投资活跃度对在位企业的创新绩效有显著促进作用。在风险投资这个知识密集型的行业中，与其他投资机构进行合作是 CVC 进行快速高效的组织间学习和获取关键知识的重要途径。一般而言，投资机构会集中针对某几个特定的领域和行业进行专业化的投资，以深度积累知识和经验，降低成本和风险，从而最大化投资收益。风险投资行业环境是 CVC 活动的重要外部社会环境。从社会网络分析的角度看，CVC 机构在联合投资网络中所处的网络位置越好，越有利于获取网络中的资源。实证结果验证了 CVC 的网络获取能力和连接能力对创新绩效起着显著的调节作用。因此，在位企业应注重打造自身良好的网络能力。在进行联合投资时，不仅要注重增加合作伙伴的数量以提升网络中心度，而且要注重选择高质量的合作伙伴，以获取有利的结构洞位置，争取更大的网络信息效率。在位企业对外部社会网络的经营，有利于社会资本、外部知识、创新资源的获取，更为企业健康和谐的发展提供了良好的外部环境。

5.4.4.4　增加合作伙伴数量比与同一合作伙伴重复合作更加有效

实证结果显示，在获取能力和整合能力更高时，CVC 的投资活跃度对创新绩效的提升作用更大。更高的获取能力和整合能力意味着在位企业在 CVC 联合投资网络中与更多的投资机构合作，并且与隶属于不同子群的投资机构进行合作。拓展合作伙伴的范围、选择高质量的合作伙伴，可以使在位企业在社会网络中获取更大的中心度和网络"权力"，扩大组织间学习的范围和深度，更有机会获取和连接网络中的有效信息和知识，构建企业自身更大更深的知识库，为企业创新和获取长期竞争优势奠定基础。

总而言之，一方面，在位企业应重视外部知识和创新资源的获取，积极进行 CVC 活动，加大投资强度，提高投资活跃度，提升自身的创新绩效和水平，获取长期竞争优势；另一方面，在位企业要重视企业嵌入的社会网络的打造和维护，营造良好的外部环境，为企业的可持续发展营造有利的条件。

5.5　结论

本章研究基于组织间学习的视角，应用社会网络分析方法，补充了关于在位企业进行 CVC 活动的创新机制的相关研究。本书将 CVC 活动中形成的多层社会网络根据网络关系的不同，分为了战略投资网络和联合投资网络。基于组织间学习和"差序格局"理论，根据控制力的强弱和社会关系的远近，将在位企业通过 CVC 进行组织间学习的多层社会网络划分"整合—获取—连接"三个关系圈，分别定义了对应的组织间学习的整合能力、获取能力、连接能力，并利用社会网络的相关指标对相关能力进行了量化衡量。从理论方面，本章研究引入社会网络分析，拓展了在位企业通过 CVC 活动进行创新的机制研究，并对组织间学习的机制和能力进行了定量探索。从实践方面，对在位企业的 CVC 战略进行了深入探讨，从整体系统的角度对在位企业经营社会网络资源提出具体的建议。

面对日益复杂的市场环境，在位企业要维持竞争优势实现企业的可持续发展，就必须突破"闭门造车"的观念，打破企业边界，获取外部知识和资源，滋养企业创新能力。通过与其他机构进行合作，建立组织间学习的畅通高效的通道，提升网络能力，打造有利于企业进行持续组织学习和不断创新的外部知识库，建设有利于企业可持续发展的外部生态环境。

第6章 基于多重网络的CVC 动态影响力评价

6.1 研究背景

经济主体的影响力,是其各维度能力的综合反映,对其经济行为及经营绩效有着重要影响(金立印,2007;刘志明和刘鲁,2011)。CVC作为联结产业资本和技术创新的重要金融媒介,对行业发展和技术进步有着重要的推动作用(Dushnitsky & Lenox,2006;Belderbos et al.,2018)。CVC影响力评价需要综合反映其在各个维度上的能力,提供给投资者和被投资者直观的信号。对CVC影响力进行科学的多维度的动态评价,一方面有利于CVC对自身能力及行业位置的客观认识,制定合理的投资及发展战略;另一方面,可以降低交易成本,有利于机构间寻求适合的合作者,有利于创业企业对CVC进行正确认识和判断,根据自身发展情况选择匹配的投资者。

创新是企业获取价值增值和竞争优势的核心途径,是企业可持续发展的推动力(Tian & Wang,2014)。受限于有限的资金资源以及现有业务的阻力,在位企业很难在企业内部进行突破创新的探索(Keil et al.,2008;Wadhwa & Basu,2013)。越来越多的企业通过外部合作方式获取更多的创新资源(Basu et al.,2011)。由于占用资金量少(Dushnitsky & Lenox,2006;Ceccagnoli et al.,2017)、可以直接获取行业和市场前沿信息(Dushnitsky & Lenox,2005;Lorenzo & Vrande,2019)、便于与专业投资机构合作(Dushnitsky & Lavie,2010)等优势,CVC得到在位企业的青睐,在过去十几年间迅速发展,已经成为仅次于IVC的第二大创业基金①。相

① KPMG International. Venture Pulse Q3 2018 Global Analysis of Venture Funding [EB/OL]. [2018-10-10]. https://assets.kpmg/content/dam/kpmg/cn/pdf/en/2018/10/venture-pulse-q3-2018.pdf.

比于 IVC，CVC 不受限于基金存续期的限制，对失败的容忍度更高，拥有丰富的行业经验，更有利于推动创业企业的创新（Tian & Wang，2014；Drover et al.，2017）。同时，在位企业通过 CVC 对行业技术和市场前沿进行监控学习，也能有效提升自身的创新产出（Dushnitsky & Lenox，2006；Anokhin et al.，2016b）。CVC 也越来越受到业界和学者们的重视。

目前对 CVC 的相关研究多采用截面进行实证分析，集中研究 CVC 的投资行为、投资策略（李欣，2005；翟丽等，2010；万坤扬和陆文聪，2014）、投资绩效和战略绩效的影响因素等（林子尧和李新春，2012；傅嘉成和宋砚秋，2016；宋砚秋等，2018）。近年来，学者们尝试引入社会网络分析来研究 CVC 与其他主体间的互动关系对绩效的影响。最早在 2014 年，就有构建了美国 CVC 的联合投资网络，分析其静态整体网网络结构特征（Zheng，2014）。随后，学者们实证研究了美国 CVC 在其竞合网络中的网络位置对其财务及创新绩效的促进作用（Baier et al.，2016）。吴菲菲等（2018）对谷歌合作研发自中心网络的演化进行了案例研究。但这些都缺少将 CVC 置于相互关联的多层社会网络中进行微观、中观、宏观多个维度的综合分析评价，也没有考虑时间因素，不能综合的动态的认识 CVC 的影响力。但在系统工程学科领域，很多学者对时序数据的动态评价模型进行了积极的探索，为 CVC 的动态评价提供了积极的借鉴。吴飞美等（2018）针对三维数据，提出消去选择转换法（ELECTRE）的排序简化模型，可以反映评价指标的差异程度和增长性，同时获得特定时间段内各时刻和总体的评价结果。徐林明等（2017）结合二次加权法、理想矩阵法、灰靶理论等，提出基于理想解法的动态评价方法、基于改进理想解法的动态评价方法和基于灰靶理论的动态评价方法，并在此基础上提出基于模糊 Borda 法动态组合评价方法和基于一致性的动态组合评价方法。

本书结合社会网络分析方法，构建了包括个体、社群、整体网特征的影响力评价体系；建立了基于移动时间窗的 CVC 联合投资网络，在每一个移动时间窗内，设计了基于熵权重的 CVC 静态影响力评价模型；考虑 CVC 影响力随时间的动态变化，采用时序数据信息衰减函数构建 CVC 影响力的动态评价模型，并针对中国 2000～2017 年间典型国资背景的 CVC 进行检验。该动态评价方法从静态和动态两个层面对影响力进行了评价，保证了评价结果的持续性、客观性和有效性，可以帮助投资机构客观了解自身和其他机构的行业位置及影响力现状，制定正确的发展战略和投资策略，也有利于创业企业了解投资机构，选择适合自身发展的合作伙伴。

6.2　研究框架及模型

6.2.1　研究框架

本书研究基于社会网络视角，设计影响力评价指标体系，搭建基于移动时间窗的多层网络，首先，基于熵权重对单个时间窗内评价对象的静态影响力进行评价；其次，加入时间权重函数，构建了影响力动态评价模型；最后，结合中国 CVC 联合投资的多层网络，应用动态评价模型进行了实例研究。本书研究框架如图 6-1 所示。

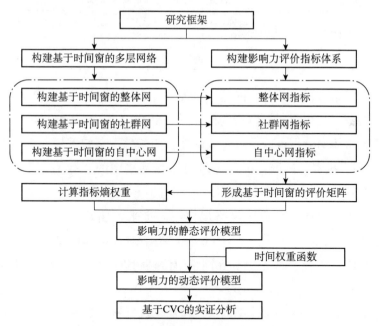

图6-1　CVC 动态影响力评价研究框架

6.2.2　评价指标体系

本书研究从"整体网—社群网—个体自中心网"三个网络层面，根据科学性原则和可控性原则，结合网络表现及投资表现，构建了 CVC 影响力评价指标体系，见表6－1。

表6－1 影响力评价指标

网络维度	指标名称	指标说明
整体网 U_1	相对中心度 U_{11}	衡量 CVC 在行业中的影响力（党兴华、董建卫和吴红超，2011）
	结构洞效率 U_{12}	衡量 CVC 在行业中的信息获取效率（党兴华等，2012）
社群网 U_2	社群规模 U_{21}	衡量 CVC 可获取的社群资源（罗吉和党兴华，2016；罗吉和党兴华，2017；石琳等，2017）
	社群吸引力 U_{22}	衡量 CVC 在社群内的号召力和资源吸收能力（聂富强、张建和伍晶，2016）
个体网 U_3	资本市场声誉 U_{31}	衡量 CVC 机构 IPO 的能力（文守逊、黄文明和张泰松，2012）
	行业辐射影响 U_{32}	衡量 CVC 活动对行业的辐射影响力（党兴华等，2014；沈维涛和胡刘芬，2014b；宋砚秋等，2018）
	区域辐射影响 U_{33}	衡量 CVC 活动对区域辐射的影响力（党兴华等，2014；沈维涛和胡刘芬，2014b；宋砚秋等，2018）
	投资绩效 U_{34}	衡量 CVC 的经营能力

社会网络分析中，整体网体现的是社会结构基础，包括社会价值观、制度、规范、文化等对个体行为的影响和约束（林南等，2018）。对 CVC 联合投资整体网分析可以了解行业的整体组织情况。宏观层面上，通过构建 CVC 联合投资整体网，衡量评价对象在网络中的"权力"和"效率"（党兴华等，2011）。在整体网中采用相对中心度指标来衡量 CVC 在行业中的影响力，可以避免由于网络规模不同带来的偏差；结构洞衡量的是 CVC 在网络中的联络地位，是 CVC 在网络中对资源和信息流动的控制能力，结构洞效率表示的是 CVC 在网络中信息和资源获取的效率（Hochberg et al.，2007；党兴华等，2016）。

中观层面上，基于整体网的快速模块化社群划分结果，构建 CVC 社群子网络。社群是边界相对封闭、人数较少、内部连带密度高的社会网络结构，是与个体行为紧密相关的外部环境（罗家德和方震平，2014），体现个体与外部进行的资源、信息、知识、文化等方面的交换。用 CVC 的社群规模度衡量 CVC 可获取的社群资源（党兴华等，2016），用社群吸引力衡量其对社群内成员的号召力和对社群资源的吸收能力（罗吉和党兴华，

2017）。

个体自中心网络是 CVC 通过投资行为与被投资企业建立起的联盟网络，可以界定 CVC 经济活动的具体环境，对 CVC 的投资策略、合作关系、项目偏好等投资行为的动机及绩效进行研究。

微观层面上，根据 CVC 投资的个体自中心网络，计算其投资行为的影响指标，包括 CVC 在资本市场的声誉、其投资行为对行业和区域的辐射影响力，以及 CVC 的投资绩效。

6.2.3　基于移动时间窗的动态评价模型

CVC 的联合投资活动是不断发生的，在某一时间段内的联合投资活动形成了该时间窗的整体网—社群网—自中心网，从而可以计算 CVC 影响力评价指标并结合相应权重，得出 CVC 在该时间窗内的静态影响力。此外，过去投资活动形成的网络对当前时间窗内 CVC 影响力依然有重要作用。影响力是时间累积的结果，因此，需引入时间权重，从而获得 CVC 机构的动态影响力评价。评价模型如图 6-2 所示。

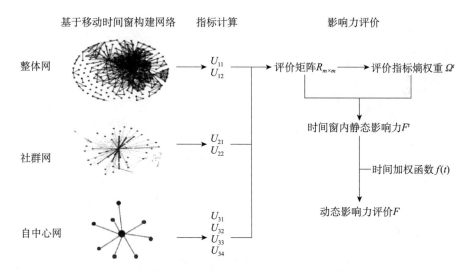

图 6-2　基于多层网络的影响力动态评价模型

对于被评价对象 j 来说，基于移动时间窗的多层网络的影响力动态评价模型的公式表达为：

$$F_j = \sum_{\tau=1}^{T} F_j^\tau = \sum_{\tau=1}^{T} \Omega^\tau \times R_{m \times j}^\tau \times g_\tau \qquad (6-1)$$

其中，$j = \{1, 2, \cdots, n\}$ 表示被评价对象；F_j 表示被评价对象 j 的动态影响力；F_j^τ 表示被评价对象 j 在时间窗 τ 内的静态影响力；T 表示动态评价时间窗的数量；Ω^τ 表示时间窗 τ 内的 m 个评价指标的熵权重；$R_{m \times j}^\tau$ 表示评价对象 j 在时间窗 τ 内的 m 个评价指标上的得分；g_τ 表示时间窗 τ 的时间权重。

6.2.3.1 移动时间窗多层网络构建及评价指标计算

本书选取 2000 ~ 2017 年清科私募通数据库中所有 CVC 参与的投资事件，基于 5 年移动时间窗，构建从 2004 ~ 2017 年的 14 个联合投资的整体网网络。移动时间窗为向前追溯 5 年的投资行为，即第一个时间窗为 2000 ~ 2004 年的投资事件，第二个时间窗为 2001 ~ 2005 年的投资事件，以此类推。选取 5 年时间窗一方面可以保证 CVC 有充足时间来确定联合伙伴关系，另一方面也避免了因时间过长而导致信息失效（罗吉和党兴华，2017；石琳等，2017）。网络构建过程如图 6 - 3 所示。

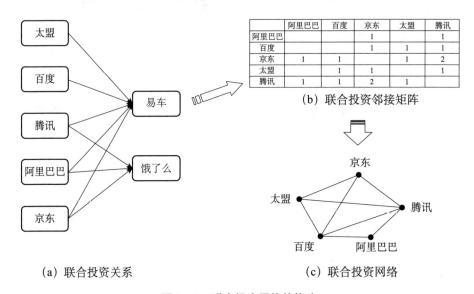

（a）联合投资关系　　　　　　　　（c）联合投资网络

图 6 - 3　联合投资网络的构建

从数据库中筛选出所有 CVC 的投资事件，整理其联合投资关系，如图 6 - 3（a）所示，然后将投资关系转化为图 6 - 3（b）中的联合投资邻接矩阵。联合投资邻接矩阵表示的是投资机构之间的联合投资情况，行和列分别表示投资者，数值表示投资者之间在 5 年移动时间窗内的联合投资次数，反映了投资者之间的社会关系。由于联合投资为不同投资者对同一企业的股权投资，因而在邻接矩阵中，所有对角线元素均为 0（投资者不能与自身进行联合投资）。本书研究不区分领投者和跟投者，邻接矩阵是无向对称矩阵。根据联合投资矩阵，用 UCINET 可以得出 CVC 联合投资网络，如图 6-3（c）所示。

首先，从整体网维度可计算得出相对中心度和结构洞效率。

相对中心度：

$$U_{11} = \frac{h_j}{(H-1)} \qquad (6-2)$$

其中，h_j 表示与点 j 直接相连接的网络节点数（即该节点的网络中心度）；H 表示投资机构数（即整体网网络规模）。

结构洞效率：

$$U_{12} = \frac{ES_j}{E_j} = \frac{\sum \left(1 - \sum b_{jq} d_{pq}\right)}{E} = \frac{E - \frac{1}{E}\sum_p \sum_q d_{pq}}{E} \qquad (6-3)$$

其中，网络节点的有效规模 ES_j 表示点 j 的个体网实际规模 E_j 减去该网络的冗余度，p 表示与该点 j 相连的所有点，q 表示除了点 j 和 p 之外的每个第三者点，b_{jq} 表示点 j 投入到 q 的关系所占比例（对二值网络而言，就是常数 $\frac{1}{E}$），d_{pq} 表示在点 j 的个体网中移除点 j 后点 p 的中心度。

其次，将每个时间窗的整体网网络进行快速模块化社群聚类（Blondel et al.，2008），得到规模不小于 4 的若干社群（罗吉和党兴华，2017），并根据 CVC 所在社群网络计算社群影响力指标。

社群规模：

$$U_{21} = H' \qquad (6-4)$$

其中，H' 表示社群子网络的规模。

社群吸引力：

$$U_{22} = \frac{h_j'}{h_j} \qquad (6-5)$$

其中，h_j' 表示点 j 在所属社群内的中心度，h_j 表示该节点 j 的整体网中心度。

最后，根据 CVC 的投资事件，构建起投资的自中心网络。根据自中心网络计算各评价对象的影响力指标。

资本市场声誉：

$$U_{31} = \frac{OUT_j^{IPO}}{IPO} \qquad (6-6)$$

其中，OUT_j^{IPO} 表示该 CVC 的当期的 IPO 退出事件数，IPO 表示当期市场 IPO 数。

行业辐射影响：

$$U_{32} = 1 - \sum \left(\frac{IN_j^k}{IN_j}\right)^2 \qquad (6-7)$$

其中，IN_j 表示该 CVC 的当期投资事件数，IN_j^k 为该 CVC 当期在行业 k 的投资事件数。

区域辐射影响：

$$U_{33} = 1 - \sum \left(\frac{IN_j^l}{IN_j}\right)^2 \qquad (6-8)$$

其中，IN_j^l 表示该 CVC 当期在区域 l 的投资事件数。

投资绩效：

$$U_{34} = \frac{OUT_j}{IN_j} \qquad (6-9)$$

其中，OUT_i 表示该 CVC 的当期退出事件数。

6.2.3.2 静态时间窗指标熵权重的计算

由于各个评价指标的重要性程度不同，并且在各时间窗内都具有一定的离散性，用条件熵来衡量指标权重更有优势。条件熵权重并不是为了评价某个 CVC 影响力指标的实际熵值大小（即该指标所含信息量的多少），而是反映该指标在整个评价体系中的作用，体现评价指标的相对重要性。借鉴之前学者的研究（鲍新中、张建斌和刘澄，2009；高天辉等，2012），本书采用条件熵权重来评估各项指标的权重。

在每个时间窗内，设有 m 个评价指标，n 个被评价对象，整理计算结果形成该时间窗的评价得分矩阵 $R_{m \times n}^{\tau} = (r_{ji})$，其中，$i = 1，2，\cdots，m$；$j = 1，2，\cdots，n$；$r_{ij}$ 表示 CVC 机构 j 的评价指标 i 的表现情况。

首先，对每个时间窗的各指标进行归一化和标准化处理，得到 $B_{m \times n}^{\tau}$，对每个指标 i 进行条件熵的计算：

$$\Theta_i = \sum_{j=1}^{n} \frac{\beta_{ij}}{\beta_i} \ln \frac{\beta_i}{\beta_{ij}} \qquad (6-10)$$

其中，$\beta_i = \sum_{j=1}^{n} \beta_{ij}, 0 \leq \dfrac{\beta_{ij}}{\beta_i} \leq 1$。

其次，对条件熵值进行归一化处理，可以得到评价指标 i 的重要性程度的熵值 $\varPhi_i$：

$$\varPhi_i = \frac{\varTheta_i}{\ln m} \qquad (6-11)$$

再次，熵的性质显示 $\varPhi_i$ 越小，评价指标 i 的重要性越高，为了便于评价 CVC 影响力的高低，用（$1-\varPhi_i$）并归一化处理后得到评价指标 i 的熵权重：

$$\omega_i = \frac{1-\varPhi_i}{m - \sum_{i=1}^{m} \varPhi_i} \qquad (6-12)$$

其中，$0 \leq \omega_i \leq 1$ 且 $\sum_{i=1}^{m} \omega_i = 1$。熵权重 ω_i 与指标的重要性程度成正比，ω_i 越大，指标的重要性程度越高。最终得到该时间窗内各指标的熵权重 $\varOmega_{1 \times m}^{\tau} = [\omega_1, \ \omega_2, \ \cdots, \ \omega_m]$。

最后，根据各时间窗的评分矩阵和对应的熵权重，可计算得出时间窗 τ 内评价对象 j 的静态影响力：

$$F_j^{\tau} = \varOmega^{\tau} \times R_{m \times j}^{\tau} = [\omega_1, \ \omega_2, \ \cdots, \ \omega_m] \begin{bmatrix} r_{1j} \\ r_{2j} \\ \vdots \\ r_{mj} \end{bmatrix} \qquad (6-13)$$

6.2.3.3　动态时间加权函数的计算

CVC 的影响力是随时间积累沉淀的结果，是其在各维度信息的综合反映。在对其影响力进行评价时，需要考量其在不同时间点的影响力的累加效果。CVC 的声誉、行业影响力、行业号召力、网络领导力等都与时间有关，并且时间越远，其影响越弱，符合信息半衰期（朱梦娴、许鸿翔和高静，2010；望俊成，2013）的概念。因此，本书研究引入时间衰减权重，通过对不同时间窗的影响力赋予时间权重，对 CVC 的影响力进行动态评价。

根据艾宾浩斯遗忘曲线，随着时间的不断推移，人们对信息的遗忘速度刚开始比较快，随后逐渐变慢，最后趋于稳定，这解释了人们会对一段时间之前的记忆有印象，但记不清细节。学者们利用非线性指数遗忘函数来描述信息的衰减过程。时间权重函数 $g(\tau)$ 为取值范围（0，1］的函数，用来衡量不同时间的 CVC 影响力对当前 CVC 影响力的贡献程度。为了表示信息衰减的过程，即信息从发生到影响力下降到一般所需要的时间为 T_0，则：

$$g(T_0) = \frac{1}{2}g(0) \tag{6-14}$$

式（6-14）表示，经过时间 T_0 后，时间加权的权重变为 1/2。因此，可定义时间衰减因子为：

$$\lambda = \frac{\ln 0.5}{T_0} \tag{6-15}$$

综上，得出时间加权函数：

$$g_\tau = g(\tau) = exp^{\lambda(y-\tau)} \tag{6-16}$$

其中，y 表示动态评估期的年份，τ 表示时间窗的年份。$g(\tau)$ 的值表示时间权重，也就是影响力的衰减程度，其函数值的取值范围为（0，1］，并随着时间距离（$y-\tau$）的增大而减小，表明 CVC 的近期影响力对当前影响力有着更重要的价值。

根据动态评价模型，确定评估的目标时间，计算信息衰减因子和时间加权函数，对各静态时间窗影响力进行时间加权后，可计算评价对象的动态影响力：

$$F_j = \sum_{\tau=1}^{T} F_j^\tau \times g(\tau) \tag{6-17}$$

6.3 应用实例——中国 CVC 网络影响力评价

6.3.1 网络构建及数据来源

本书研究采用广义联合投资定义，即两个及两个以上 VC 共同投资于特定企业，投资轮次可以有所差异。根据图 6-3 所示的网络构建方法，本书从清科私募通数据库中选取了 2000~2017 年所有 CVC 参与的投资事件的数据，并按照 5 年移动时间窗构建了 14 个时间窗的联合投资网络。以 2000~2004 年为例，CVC 联合投资网络如图 6-4 所示，其中，黑色为

CVC 机构，灰色为 IVC 机构。

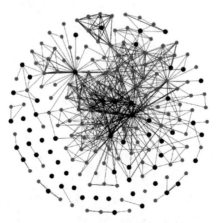

图 6 - 4 2000~2004 年联合投资网络

6.3.2 评价指标计算

本书研究选取了 32 家具有国资背景的 CVC 机构为评价对象。国资背景是中国经济独有的特色，意味着企业有足够的资金并且与财政的关系密切。在研究中，往往认为国资背景的企业和投资机构拥有优势的社会资本，但同时也往往存在管理水平不高、绩效较低的问题（燕志雄、张敬卫和费方域，2016）。对国资背景 CVC 的影响力进行分析评价，可以更有针对性地了解中国 CVC 影响力的现状。

根据式（6-2）~式（6-9），计算得出 14 个 32×8 的评价矩阵 $R_{32 \times 8}^{\tau}$。以 2013~2017 年时间窗计算结果（见表 6-2）为例，76% 的 CVC 进行了联合投资，72% 的 CVC 都有所属社群，并且社群内联合投资伙伴的比例平均达到 75%，说明社群环境是 CVC 经济活动的主要场所。由于机构间的投资战略重点不同，CVC 机构在个体投资行为的行业辐射和区域辐射方面的差异较大。

表 6 - 2 2013~2017 年时间窗影响力指标计算结果

CVC 机构	U_{11}	U_{12}	U_{21}	U_{22}	U_{31}	U_{32}	U_{33}	U_{34}
招商科技	0.1918	0.8235	0.3464	0.4286	0.3333	0.6939	0.0000	0.1250
招商局资本	1.0000	0.8994	0.1780	0.3836	0.0000	0.7860	0.8081	0.0000
招商局中国基金	0.0137	1.0000	0.0946	0.0000	0.0000	0.0000	0.0000	0.5000

续表

CVC 机构	U_{11}	U_{12}	U_{21}	U_{22}	U_{31}	U_{32}	U_{33}	U_{34}
中国高新投	0.1370	0.6041	0.6519	0.0000	0.3333	0.7200	0.6400	0.3000
招商昆仑	0.0274	0.7917	0.6519	0.5000	0.0000	0.8642	0.7407	0.5000
联通创投	0.4384	0.8519	0.0946	0.5313	0.0000	0.1653	0.4298	0.0000
航天产业投资基金	0.0000	0.0000	0.0000	0.0000	1.0000	0.0000	0.5000	0.5000
燕山投资	0.0000	0.0000	0.0000	0.0000	0.4800	0.6400	0.1000	
南方资产	0.1370	0.3379	0.0686	0.6000	0.6667	0.6667	0.0000	
航天投资	0.0000	0.0000	0.0000	0.0000	1.0000	0.5000	0.5000	1.0000
中航国际投资	0.0000	0.0000	0.0000	0.0000	0.0000	0.5000	0.0000	
中电资产	0.0000	0.0000	0.0000	0.0000	0.5000	0.7778	0.0833	
汉威资本	0.2603	0.3068	1.0000	0.9474	0.0000	0.0000	0.0000	
天翼资本	0.0137	1.0000	0.0000	0.0000	0.3333	0.4800	0.1800	0.2500
钢研大慧投资	0.1370	0.3725	0.1780	0.8000	0.0000	0.4063	0.5625	0.0000
通用投资	0.0685	0.7600	0.6519	0.8000	0.3333	0.5000	0.5000	0.1667
中粮农业	0.0548	0.5500	0.6519	1.0000	0.0000	1.0000	1.0000	0.0000
大唐投资	0.0137	1.0000	0.1780	1.0000	0.3333	0.0000	0.5000	0.2500
天翼创投	0.0411	0.7778	0.0035	1.0000	0.0000	0.6250	0.3750	0.2500
宝安资产管理	0.0411	1.0000	0.3464	1.0000	0.0000	0.3750	0.3750	0.0000
南车时代高新投资	0.3973	0.7723	0.1276	0.6552	0.0000	0.3750	0.3750	0.2000
中航信托	0.0000	0.0000	0.0000	0.0000	0.0000	0.4444	0.4444	0.0000
零度资本	0.2740	0.7909	0.0938	0.7000	0.0000	0.7755	0.7347	0.0000
中国船舶资本	0.1096	0.4063	0.6519	0.8750	0.0000	0.7200	0.3200	0.0000

经过共线性检验，各时间窗内各指标的共线性检验结果均达到了研究要求。

6.3.3 权重计算

6.3.3.1 静态权重计算

在计算出所有时间窗的评价指标矩阵 $R_{m \times n}^{t} = (r_{ij})$，（$i = 1$，2，…，32；$j = 1$，2，…，8）后，根据式（6 – 10）~式（6 – 12），计算每个时间窗的熵权重，计算结果见表 6 – 3。可以看出，网络中心度（社会网络中的影响力）、社群规模（所属社群资源）、资本市场声誉（促成 IPO 的能力）

和投资绩效对 CVC 影响力计算的权重相对较高，这与之前学者的研究结论相一致。

6.3.3.2　动态权重计算

学者研究认为，过去 5 年内的投资行为对当前影响力存在显著影响，因此，设定信息半衰期 $T_0 = 5$，计算衰减因子为 $\lambda = \dfrac{\ln 0.5}{5} \approx -0.1386$。根据式（6-16），时间权重 $g(\tau)$ 的计算结果见表 6-3，2017 年时间权重为 1，2012 年时间权重为 0.5。由于时序数据共 14 个，时间权重的总和为 6.6158。

表 6-3　　　　　　　　　　　　权重计算结果

时间窗	熵权重								时间权重 g_τ
	U_{11}	U_{12}	U_{21}	U_{22}	U_{31}	U_{32}	U_{33}	U_{34}	
2000～2004 年	0.1542	0.0481	0.1280	0.0712	0.1944	0.1020	0.1381	0.1640	0.1649
2001～2005 年	0.0340	0.1066	0.1805	0.1068	0.1621	0.1059	0.1073	0.1968	0.1895
2002～2006 年	0.1424	0.0927	0.1810	0.1313	0.1500	0.0625	0.0915	0.1487	0.2176
2003～2007 年	0.1638	0.0700	0.1052	0.0756	0.2479	0.0480	0.0615	0.2280	0.2500
2004～2008 年	0.1502	0.0590	0.1112	0.1079	0.2220	0.0790	0.0644	0.2062	0.2872
2005～2009 年	0.1600	0.0525	0.1432	0.0671	0.1950	0.1029	0.0877	0.1916	0.3299
2006～2010 年	0.1369	0.0744	0.1459	0.0834	0.1973	0.1011	0.0566	0.2045	0.3789
2007～2011 年	0.1486	0.0935	0.1420	0.0941	0.2066	0.0793	0.0415	0.1943	0.4353
2008～2012 年	0.1349	0.0821	0.1457	0.1367	0.2266	0.0679	0.0598	0.1464	0.5000
2009～2013 年	0.1323	0.0826	0.1497	0.1098	0.2505	0.0811	0.0432	0.1509	0.5743
2010～2014 年	0.1533	0.0775	0.1533	0.1055	0.2981	0.0502	0.0270	0.1350	0.6598
2011～2015 年	0.1432	0.0718	0.1602	0.1143	0.2870	0.0568	0.0255	0.1412	0.7579
2012～2016 年	0.1344	0.0686	0.1637	0.1238	0.2784	0.0443	0.0362	0.1506	0.8706
2013～2017 年	0.1561	0.0659	0.1511	0.0907	0.2647	0.0624	0.0435	0.1655	1.0000

6.3.4　影响力评价及分析

根据式（6-13）及式（6-17），计算得到 32 家国资背景 CVC 在 14 个时间窗内的静态影响力及 2017 年的动态影响力指标，见表 6-4。从表 6-4 中可以看出，动态影响力的评价更符合传媒概念中对影响力的感受。国资 CVC 影响力均值为 1.1；前 20%（动态影响力不低于 2）的 CVC 机构均成

表6-4　CVC影响力评价结果

CVC机构	静态影响力评价														动态影响力
	2004年	2005年	2006年	2007年	2008年	2009年	2010年	2011年	2012年	2013年	2014年	2015年	2016年	2017年	2017年
中国高新投	0.2896	0.0926	0.1792	0.2560	0.3248	0.3513	0.5530	0.6539	0.8022	0.8334	0.7386	0.7373	0.3846	0.3704	3.5027
招商局资本	0.6080	0.7318	0.8353	0.7543	0.7628	0.7890	0.3558	0.3580	0.3827	0.6520	0.3915	0.3922	0.3806	0.3613	3.1933
招商科技	0.4713	0.7166	0.4924	0.5387	0.4445	0.3777	0.3426	0.4258	0.4801	0.3667	0.3454	0.3551	0.3817	0.3277	2.6303
航天投资					0.0644	0.1055	0.2273	0.3233	0.2485	0.3663	0.3008	0.6973	0.7122	0.4832	2.4448
通用投资	0.2084	0.2415	0.2663	0.2551	0.2100	0.1581	0.2179	0.3774	0.3375	0.4630	0.4221	0.5297	0.4154	0.4007	2.2999
招商利腾	0.4144	0.5786	0.2260	0.2961	0.2810	0.4140	0.3713	0.4551	0.6022	0.5663	0.3409	0.3293	0.0952		1.9520
招商局中国基金				0.0623	0.3686	0.1793	0.3338	0.3009	0.3440	0.3398	0.3207	0.3191	0.3120	0.1652	1.9225
天翼资本							0.3196	0.2486	0.2958	0.2654	0.3908	0.3655	0.3206	0.2355	1.5790
宝安资产管理									0.1285	0.2708	0.3880	0.4505	0.3918	0.2645	1.4228
招商昆仑											0.4351	0.4215	0.3485	0.3693	1.2792
招商局富鑫	0.6560	0.6776	0.7616	0.7310	0.7641	0.6280	0.6573								1.2607
中粮农业								0.2357	0.1742	0.2331	0.1520	0.3948	0.1701	0.3371	1.2082
航天产业投资基金							0.0000	0.0669	0.0917	0.0870	0.0432	0.3736	0.2695	0.3692	1.0404
现代种业发展基金											0.0773	0.3395	0.3764	0.3400	0.9759
联通创投		0.0170	0.0000	0.0000	0.0000	0.0000	0.0000	0.0000			0.0822	0.3405	0.3899	0.2161	0.8678
南方资产	0.0000		0.0000	0.0000	0.0000	0.0000	0.0000	0.0000	0.2433	0.4691	0.0953	0.1274	0.1376	0.1791	0.8526

续表

CVC 机构	静态影响力评价														动态影响力
	2004 年	2005 年	2006 年	2007 年	2008 年	2009 年	2010 年	2011 年	2012 年	2013 年	2014 年	2015 年	2016 年	2017 年	2017 年
天翼创投									0.0000	0.0000	0.0247	0.3833	0.3303	0.2551	0.8495
大唐投资									0.2263	0.2099	0.0965	0.1970	0.1564	0.2457	0.8285
零度资本												0.2715	0.2858	0.2806	0.7352
融昌资产管理	0.0000	0.0000	0.1062	0.2861	0.3936	0.3351	0.3436	0.3837	0.0510	0.0502					0.6697
南车时代高新投资						0.2556	0.2486	0.2944	0.2891	0.2714				0.0471	0.6541
钢研大慧投资											0.0000	0.2136	0.2511	0.1952	0.5757
中航信托												0.0823	0.2564	0.2529	0.5386
燕山投资					0.0000	0.1650	0.0000	0.0210	0.0804	0.1228	0.1062	0.1364	0.0846	0.0743	0.4957
汉威资本				0.1095		0.0668	0.0438	0.0315	0.0474	0.0250			0.0733	0.2979	0.4796
信保（天津）股权投资						0.0000	0.0493	0.0437	0.1345	0.1187	0.1020	0.1190	0.0239	0.0788	0.3513
中电资产								0.0000	0.0443	0.0699	0.0344	0.0684	0.0646		0.2719
中国船舶资本													0.0352	0.1989	0.2296
上海信投	0.2847	0.1142	0.0625	0.0307	0.0000	0.0000									0.0899
航天科工资产管理											0.0000		0.0805		0.0701
中航国际投资											0.0000	0.0127	0.0181	0.0217	0.0471
上海大新华									0.0000	0.0000	0.0000	0.0000	0.0000	0.0000	0.0000

立较早且具有央企背景，管理资金规模大，影响力较大；5 年内新兴起的 CVC 的影响力尚处于积累阶段，母公司的实力对其影响力的提升有积极作用；投资不连续（存在连续 5 年无投资）的 CVC 机构的影响力均较弱；投资行为相对稳健的 CVC，其影响力排名的波动性较小。

从表 6-4 中可以看出，影响力最大的是中国高新投和招商局资本。这两家 CVC 机构均为大型央企设立，成立时间较早，经多年投资后积累了较高的影响力。中国高新投（现更名为中国国投高新产业投资有限公司）是国家开发投资集团旗下的风险投资基金公司，是央企中成立最早、规模最大的投资机构之一，并且管理多支国家级政府引导基金，其投资方向与国家战略发展重点保持高度一致，贯彻国有投资导向、支持高技术产业发展，且投资期限较长。2000~2017 年，中国高新投平均每年投资 2.21 次。尽管从投资绩效来看，中国高新投并不占优势，但其行业影响力、技术进步影响力均名列前茅。招商局资本依托于央企招商局集团，服务于集团业务的管理和发展。一方面，在市场中探索培育出新的产业，以增强集团的整体实力；另一方面，整合集团内部资源，推动金融与实业的相互结合。如图 6-5 所示，相较于中国高新投，招商局资本在投资中更加活跃，投资策略也更加灵活，对行业和区域的辐射更广。自 2010 年开始，招商局资本的联合投资比例大幅下降，合作伙伴数量显著降低，对社群伙伴的依赖度较高。自 2016 年开始，招商局资本积极进行 CVC 活动，扩大合作范围，提升行业影响力。可见，中国高新投的静态影响力随时间逐步提升，而招商局资本则起伏较大，但随时间均积累下了较高的影响力。

此外，其他国资 CVC 也越来越积极地拓展网络资源，提升自己的影响力。联通创投、天翼创投、中粮农业、大唐投资等从 2012 年后都开始进行 CVC 活动，并积极进行投资合作，争取网络资源，努力扩大自身的影响力。

对比清科发布 VC/PE 年度排名[①]，可以看到，只有招商局资本进入清科年度 100 强的名单。一方面，清科的评分标准内只包含了风险投资机构的资金额、投资和退出指标，指标维度单一，且并不包含时间因素，因此，

---

① 清科研究中心. 2017 中国股权投资年度排名［EB/OL］. https：//www. pedata. cn/RANK-ING2017/web/list_unveiled. html.

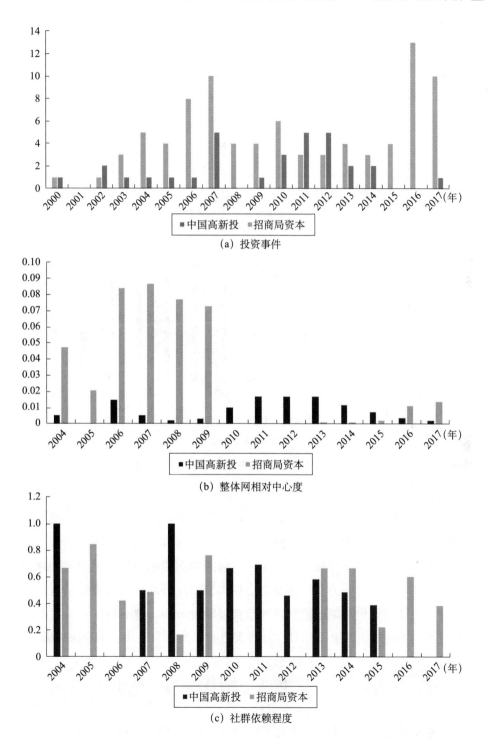

(a) 投资事件

(b) 整体网相对中心度

(c) 社群依赖程度

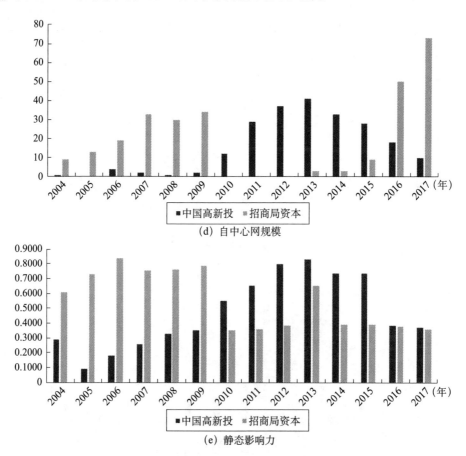

图6-5 中国高新投与招商局资本对比分析

该标准对 IVC 机构更有利，在清科排名中，CVC 的占比很低；另一方面，国资背景的 CVC 在 2013～2017 年间的平均投资事件只有 4.66，而活跃国资 CVC 的比例也只有 43.75%。因此，国资 CVC 在行业百强排名中并不出色。

由上述评价结果可知，基于多层网络的动态影响力评价模型兼顾评价对象自身实力的影响力及外部社会影响力，给出合理准确的评价信号，便于外部主体对评价对象进行直观判断及多维度分析，也有利于评价对象对自身影响力进行分析并采用针对性方案进行提升，具有重要的应用价值。

6.4 结论

本章研究采用多重网络构建 CVC 影响力评价指标体系，拓展了影响力评价的维度，使影响力评价更加综合、客观、准确；将动态评价方法引入影响力评价模型，符合影响力作为 CVC 机构向外界合作者传递的信号在时间积累和信息衰减的双重作用下的最终结果。基于多层投资网络，对国资背景 CVC 的影响力进行评价和分析，得到在 2004～2017 年间各国资背景 CVC 的静态影响力和动态影响力评价值及排序结果，把握各机构在行业中的地位及变化趋势。未来可以利用基于移动时间窗的多层网络进行应用研究，根据评价对象进行调节，对企业或机构的影响力、自主及协同创新能力等进行动态评价与分析。

第 7 章　研究结论、意义与展望

随着中国经济的蓬勃发展，中国企业逐步发展壮大，涌现出了一批对中国经济乃至世界经济具有影响力的企业。这些在位企业不仅具备资本实力，还具有多年的行业和市场经验。在位企业为了进行外部 R&D、组织学习、监控新技术和新市场等战略布局，积极开展 CVC 活动。作为后加入风险投资行业的生力军，CVC 快速成为风险投资领域的重要力量。作为连接产业资本和技术创新的重要中介，CVC 的健康发展对于构建我国良好的投资环境、实现产业和资本的有效配置、促进科技企业发展、促进产业升级、实施创新创业国家战略极为重要。而且 CVC 活动在实践中呈现出显著的网络化特征。在此背景下，对 CVC 多重网络特征及其投资绩效进行研究，无论是在理论构建还是实证分析方面，都具有重要意义。

7.1　研究结论

通过本书四个子问题层层递进的研究，形成了如下主要研究结论。

第一，中国 CVC 发展经历了三个阶段，当前面临转型期。CVC 网络呈现典型的小世界网络特征。不同角色的 CVC 之间投资行为和网络特征存在较大差异。

根据 ZDB 中活跃 CVC 机构在 2000～2017 年间的 121 695 条数据投资事件，本书采用 5 年移动时间窗，构建了从 2000～2017 年的 14 个 CVC 动态联合投资网络。采用社会网络分析，分析了这些网络的属性和演化，探讨了中国 CVC 产业的结构和发展；并结合个体战略投资网络的特征，分析了不同角色的 CVC 的投资行为差异和演化路径等。

通过对 CVC 动态联合网络的平均距离、聚类系数、度分布等网络属性的分析，结果显示 CVC 网络具有小世界网络的特征。这表明，CVC 在选择合作伙伴时会有一定的偏好，这有助于了解 CVC 网络的形成和演变。在 CVC 网络中，了解占据网络核心位置的"关键" CVC 节点非常重要。对这些关键 CVC 和网络特定连接进行一些变更，将会极大地改变网络的结构。

本书研究对网络节点的中心度和结构洞指标进行整理计算，构建每个节点的指标向量，采用 K-means 聚类方法，根据 CVC 在网络中的位置和重要性对它们进行进一步的网络角色分类，发现网络中的四种 CVC 角色类型具有明显不同的投资偏好和行为特征。"领导者"们通过母公司的影响力和自身的投资策略获取了网络中的优势位置，而网络优势又进一步反哺"领导者"们的竞争优势。随着网络的迅速发展，CVC 机构认识到网络资源的重要性，"追随者"和"观望者"都努力寻找机会提升自己的网络位置，便于更好地利用网络资源。

此外，通过对动态网络进行余弦相似度分析，本书定量研究了中国 CVC 行业的三个发展阶段。阶段划分有助于从不同角度对 CVC 行业的变化进行研究分析，如不同背景 CVC 的投资行为变化、不同阶段投资偏好的变化、CVC 网络角色的演化等。阶段划分还有助于了解 CVC 行业发展的潜在驱动因素。此外，阶段划分可以在相关的实证研究中作为固定效应提供检验支持。

第二，CVC 通过进行多元化投资构建战略投资网络，可以分散投资风险，提高投资绩效，实现在位企业战略目标。CVC 的资源禀赋对其战略投资网络和投资绩效有重要影响。

为研究中国 CVC 战略投资网络多元化的绩效表现和资源禀赋的调节作用，本书以 1999～2017 年成立的 166 家活跃 CVC 为样本，实证检验中国 CVC 以多元化投资策略构建战略投资网络对投资绩效的影响，并在此基础上从资源基础观的角度研究了 CVC 的资源禀赋的调节效应。研究结果表明：其一，行业多元化投资策略会显著提高投资绩效，且 CVC 的资源禀赋对两者之间关系有积极的调节作用；其二，阶段多元化投资策略与投资绩效之间呈显著正相关，但 CVC 的资源禀赋对两者之间关系的调节效应不显著；其三，区域多元化投资策略与投资绩效之间的正向相关关系在统计上并不显著。

本书对样本进行分析发现，中国 CVC 的目标行业与国家重点创新战略方向一致，国家政策对于 CVC 的投资活动有显著的引导和激励作用。构建行业多元化的战略投资网络可以有效减少集中于单个行业的系统性风险，并且可以在企业间实现资源的协同和企业间的联合发展，及时跟进新技术和新行业的发展。而且，母公司的资源禀赋对构建多元化战略投资网络的投资绩效有重要影响。当母公司具有较强的资金实力或者具有较强的行业联合能力时，多元化战略投资网络的投资绩效提升更加显著。

第三，在位企业进行 CVC 的投资活动的强度和行业活跃度对提升自身创新绩效有重要作用。在位企业通过 CVC 进行组织间学习，其网络能力对创新绩效的提升有显著的调节作用。

本书研究从组织间学习理论来分析 CVC 的投资活动，应用社会网络分析方法，补充了关于在位企业通过 CVC 进行创新机制的相关机制研究。研究通过区分 CVC 中的关系类型，将 CVC 多重网络区分为战略投资网络和联合投资网络。基于组织间学习和"差序格局"理论，根据控制力的强弱和社会关系的远近，进一步将在位企业通过 CVC 进行组织间学习的多层社会网络划分为"整合—获取—连接"三个关系圈层，分别定义了对应的组织间学习网络的整合能力、获取能力、连接能力，并利用社会网络的相关指标对相关能力进行了量化衡量。

在实证检验中，本书研究选择了中国上市公司作为样本，样本包含了119 家上市企业 CVC 在 2000~2017 年间进行的投资，构成了 1 183 条 CVC的投资活动时间序列数据。实证结果表明，CVC 为提升在位企业的创新绩效发挥着重要作用，CVC 的投资强度和行业活跃度都对创新产生了显著的促进作用。网络整合能力与 CVC 的投资强度存在显著的交互作用。网络整合能力显著提高了 CVC 的投资强度的创新绩效，但对绩效的边际作用却为负向影响。网络获取能力和网络连接能力均会提升 CVC 行业活跃度的创新绩效边际。

第四，基于多重网络，构建 CVC 影响力动态评价模型，动态、客观、简洁地反映 CVC 的综合能力。

研究结合社会网络分析方法，构建了包括个体、社群、整体网特征的影响力评价体系；建立了基于移动时间窗的 CVC 联合投资网络，在每一移动时间窗内，设计了基于熵权重的 CVC 静态影响力评价模型；考虑 CVC影响力随时间的动态变化，采用时序数据信息衰减函数构建 CVC 影响力的动态评价模型，并针对中国 2000~2017 年间典型国资背景的 CVC 进行检验。该动态评价方法从静态和动态两个层面对影响力进行了评价，保证了评价结果的持续性、客观性和有效性。

研究采用多重网络构建影响力评价指标体系，拓展了影响力评价的维度，使影响力评价更加综合、客观、准确；将动态评价方法引入影响力评价模型，符合影响力作为 CVC 机构向外界合作者传递的信号在时间积累和信息衰减的双重作用下的最终结果。动态影响力评价可以协助监管者把握各 CVC 机构在行业中的地位及变化趋势，适当进行引导和控制；帮助投资机构客观了解自身和其他机构的行业位置和影响力现状，制定正确的发展战略和投资策略；也有利于创业企业了解投资机构，选择适合自身发展的合作伙伴。

7.2　研究意义

7.2.1　理论意义

本书以 CVC 多重网络的研究视角，基于资源基础观、知识基础观、组织间学习、知识管理和社会网络理论，深入研究了 CVC 在投资活动中的组织间学习机制、价值创新和创新机制，研究结论对现有 CVC 和创新研究具有一定的理论意义。

第一，本书引入社会网络分析方法，对 CVC 网络进行了动态研究分析，创新性地从网络角度定量对 CVC 发展阶段和 CVC 角色进行了划分，为后续对行业周期研究和对象角色研究提供了借鉴。通过网络整体指标对网络阶段进行定量划分，便于理解和研究 CVC 的行业发展历程和发展趋势，为后续 CVC 研究奠定了理论基础。对研究对象进行"角色"划分，有利于深度分析研究对象所处的微观社会环境，对于理解研究对象的经济行为具有重要意义。通过对"角色"的划分，便于分析群体的行为特征和企业生态，可以解释群体经济行为，提高经济理论的解释力度。

第二，本书补充了 CVC 多元化战略投资网络对投资绩效影响的相关研究，验证了中国 CVC 市场的表现及资源禀赋对投资策略的影响，拓展了资源基础理论在 CVC 行业的应用，开拓了从投资战略角度进行投资绩效研究的视角，提供了对在位企业、CVC 机构和创业企业之间作用关系进行持续研究的研究框架。

第三，本书分析了中国 CVC 的多重网络结构，揭示了 CVC 组织间学习的机制，研究了对 CVC 财务绩效和战略绩效的影响机制，丰富了 CVC 的投资理论。研究基于"在位企业—CVC—合作者—创业企业"的分析框架，构建了 CVC 多重动态网络，有助于解释 CVC 在投资关系中各方主体的动态交互影响，为后续研究建立了更加系统的分析框架。CVC 的网络能力影响了 CVC 活动为在位企业带来的战略绩效。本书识别了 CVC 在多重网络中的网络能力，揭示了网络能力与组织间学习的关系，研究了 CVC 的网络能力对战略绩效的影响机制。

第四，本书基于多重网络构建影响力评价指标体系，拓展了影响力评价的维度，使影响力评价更加综合、客观、准确；将动态评价方法引入影响力评价模型，符合影响力作为 CVC 机构向外界合作者传递的信号在时间积累和信息衰减的双重作用下的最终结果。为其他具有移动时间窗的多层网络特征的对象的研究提供了研究模板，根据评价对象进行调节，可以进一步对企业或机构的影响力、自主及协同创新能力等进行动态评价与分析。

7.2.2 实践意义

本书研究以活跃 CVC 机构，尤其是上市企业 CVC 为研究样本，对 CVC 多重网络及投资绩效的影响机制进行了研究，有关研究结论对提升 CVC 的投资绩效和促进 CVC 的行业发展具有重要的实践意义。

第一，为国家制定相关法律法规、提升行业监管水平和效率、促进 CVC 行业健康有序发展提供决策的依据和参考。当前我国面临深化经济体制改革、以创新促发展的关键转型期，在国际市场风云变幻的大背景下，以 CVC 作为经济转型升级的突破口，通过促进 CVC 行业发展，推动在位企业的转型升级，促进创业企业的快速发展。

依据研究结果，CVC 行业呈现显著的小世界特征。这也意味着对关键节点进行引导或控制，将对整个网络结果产生较大影响。在进行政策激励和行业监管时，针对这些关键的影响力较大的 CVC 的需求和行为模式进行分析，有针对性地制定相关措施，将提高政策的实施效果和效率。目前，CVC 行业发展处于快速扩张阶段，大量在位企业投入风险投资行业中。不同角色的 CVC 的投资行为也表现出不同的特征和趋势。行业背景和发展趋势是政策制定的重要依据，政府可以通过引导 CVC 的投资倾向，促进早期科技创业企业的成长，实现区域经济的健康发展。

第二，为在位企业的 CVC 的投资战略的选择和实施提供了参考和指导。

从在位企业的公司战略层面来看，CVC 进行股权投资占用资源少、操作灵活性高，对企业创新的促进作用明显，是企业进行开放创新和外部创新的重要工具和方式。本书对 CVC 的投资策略和投资中关系进行分析研究发现，CVC 通过与其他机构或主体建立"关系"来构建企业外部的学习网络，帮助在位企业搜索和获取新的知识，及时监控市场和技术前沿信息，接触创业企业，建立自身的战略投资网络。作为企业组织间学习的重要通道和外部创新的重要方式，在位企业应重视 CVC 的战略意义和实践应用。

从在位企业的 CVC 的投资策略来看，在位企业应结合自身战略目标，有意识地构建多元化的战略投资网络，保持 CVC 项目组合多元化对实现技术创新和价值创造非常必要。基于自身资源禀赋情况，不只单纯地追求投资的数量，更多的来关注投资组合中行业、阶段、区域的多元化组合，为创新构建多元化的外部"知识库"，促进企业的不断学习和创新，实现自身战略布局。

从在位企业的 CVC 联合投资网络来看，一方面，要加强行业合作度，扩大与其他投资机构的合作，占据行业网络中的有利地位，有利于获取网络资源和信息，扩大自身的影响力；另一方面，在位企业选择具有更好网络能力的合作伙伴，提升自己的网络能力，构建高质量的外部合作网络，为企业的发展打造优质的外部环境。

从在位企业自身的资源和能力建设来看，在位企业的资源和能力与 CVC 的投资策略存在交叉作用、相互促进。在位企业投入 CVC 的资源越多，行业能力和市场能力等越大，越有利于吸引投资合作者和创业企业进行多元化投资，增强与合作者的交流和对创业企业进行投后管理，提升投资绩效。反过来，通过 CVC 进行多元化投资，向合作者和创业企业进行组织学习，将会提高投资的财务收益和战略收益，维持并提高在位企业的竞争优势。从而形成在位企业自身业务与 CVC 的投资活动的良好互动和良性循环。

第三，创业企业在选择 CVC 进行融资时，根据自身需求，多维度考察融资对象，为企业的快速健康发展加油助力。

相比于 IVC，CVC 对于创业企业而言，不仅是资金来源，更是行业导师和声誉背书保障。选择合适的 CVC，可以使创业企业快速进入行业网络、供应链网络、市场销售网络等，获取宝贵的"关系"资源，降低企业在发展初期面临的行业竞争和市场风险，争取企业发展的时间，快速发展壮大。创业企业应具备战略眼光，选择匹配的投资者，实现企业长期发展。

7.3　未来展望

本书研究围绕中国 CVC 的多重网络特征和 CVC 的投资绩效展开了较为深入的研究，梳理了采用社会网络分析研究 CVC 的投资绩效的相关文献，构建了基于多层网络的 CVC 学习机制和创新机制的分析框架，得出了一些有意义的发现和结论，对 CVC 相关理论做出了一定的补充和完善。鉴于本书研究时间和笔者能力水平有限，本书的研究尚存在一些局限和不足，将在以后的研究中从以下几个方面进行改进和完善。

第一，数据的局限性。目前，国内公认关于风险投资的数据库是清科私募通数据库和 CVSource 数据库，但两个数据库建立时间都较晚，分别为 2007 年和 2005 年，早期数据的缺失情况较多。并且由于风险投资数据是基于投资机构意愿来公开的，两个数据库的数据收集也是由各投资机构来提供，因此，风险投资的相关数据均存在一定程度的缺失和遗漏。并且截至目前，数据库中并没有就 IVC/CVC 等投资主体做出统一标准的划分，也导致了研究中样本标准的差异。本书研究样本基于 2000~2017 年的 CVC 机构的投资活动，涉及的投资事件为 4 409 起，构建的网络也仅有 14 个动态网络。整体研究数据略显单薄，对实证结果的解释力度有一定的影响。随着中国风险投资的发展和数据库的不断完善，未来的研究以大数据为支撑，可以获得更符合现实，对现实经济解释力度更强的研究结论。

第二，进一步扩展社会网络理论在 CVC 研究中的应用。社会网络理论对研究社会各主体之间的关系有独到的优势。将社会网络理论与战略管理理论、创新理论、组织理论、博弈论等相关领域理论相结合，构建对基于

CVC 多个参与主体的 CVC 创新机制的分析研究框架，将有利于以深层次解释企业内外环境对其战略决策的影响机理。

第三，运用前沿复杂网络模型和分析方法对 CVC 网络进行深度研究。CVC 网络涉及网络行动者数量庞大，行动者之间关系复杂。复杂网络为进一步研究和发掘 CVC 网络提供了重要的工具。一方面，可以通过对 CVC 网络的模态、子群等进行优化分析，深入探讨 CVC 外部环境对其绩效的影响机制；另一方面，通过时间序列网络等工具对 CVC 网络的发展趋势进行深度研究。

第四，结合宏观环境进行研究。本书对 CVC 的研究是从微观和中观层面上进行的实证分析。客观来看，在中国市场环境下，宏观经济政策对 CVC 行业以及创业企业有着重要影响。国家战略支持、政策导向、产业扶持力度、资本市场环境等，都对 CVC 的投资行为和创业企业的发展有着不可忽视的影响。在未来的研究中，可以结合宏观经济和政策，扩大 CVC 多重网络的范围，对 CVC 的财务绩效和战略绩效问题进行深入研究，解释和说明 CVC 在中国特色市场经济环境下的发展路径和方向。

参考文献

[1] 鲍新中，张建斌，刘澄. 基于粗糙集条件信息熵的权重确定方法 [J]. 中国管理科学，2009，17（3）：131 – 135.

[2] 曹婷，李婉丽. 投资组合网络、竞争性网络联结与技术创新 [J]. 经济管理，2020，42（2）：58 – 74.

[3] 党兴华，董建卫，吴红超. 风险投资机构的网络位置与成功退出：来自中国风险投资业的经验证据 [J]. 南开管理评论，2011（2）：82 – 91 + 101.

[4] 党兴华，张晨，佟丽丽. 风险投资机构网络位置影响因素探索及实证研究 [J]. 科技进步与对策，2016（6）：1 – 7.

[5] 党兴华，张晨，王育晓. 风险投资机构专业化与投资绩效——来自中国风险投资业的经验证据 [J]. 科技进步与对策，2014（12）：7 – 11.

[6] 邓路，谢志华，李思飞. 民间金融、制度环境与地区经济增长 [J]. 管理世界，2014（3）：31 – 40 + 187.

[7] 丁文虎，杨敏利，党兴华. 有限合伙人网络位置对创投机构网络位置的影响 [J]. 科技进步与对策，2017：1 – 7.

[8] 董建卫，施国平，郭立宏. 联合风险投资、竞争者间接联结与企业创新 [J]. 研究发展与管理，2019，4（31）：91 – 101.

[9] 董静，徐婉渔. 公司风险投资："鱼水相依"抑或"与鲨共舞"？——文献评述与理论建构 [J]. 外国经济与管理，2018，40（2）：3 – 17 + 50.

[10] 董静，汪江平，翟海燕，汪立. 服务还是监控：风险投资机构对创业企业的管理——行业专长与不确定性的视角 [J]. 管理世界，2017（6）：82 – 103，187 – 188.

[11] 董静，汪立. 风险投资会影响创业企业战略选择吗？——文献

评述与理论架构［J］. 外国经济与管理, 2017, 39（2）: 36 – 46, 59.

［12］董屹宇, 郭泽光. 风险资本退出、董事会治理与企业创新投资——基于 PSM-DID 方法的检验［J］. 产业经济研究, 2020（6）: 99 – 112.

［13］丰若旸, 温军. 风险投资与我国小微企业的技术创新［J］. 研究与发展管理, 2020, 32（6）: 126 – 139.

［14］傅嘉成, 宋砚秋. 中国企业风险投资（CVC）投资策略与投资绩效的实证研究［J］. 投资研究, 2016（6）: 29 – 44.

［15］高天辉, 宋砚秋, 张萌, 等. 我国政府对高新技术产业化项目财政科技投入绩效评价——基于 Borda 法［J］. 技术经济, 2012, 31（7）: 28 – 33.

［16］苟燕楠, 董静. 风险投资背景对企业技术创新的影响研究［J］. 科研管理, 2014, 35（2）: 35 – 42.

［17］姜彦福, 张帏. 创业企业与创业投资机构的合作关系及其对合作绩效的影响［J］. 技术经济, 2010（9）: 17 – 20.

［18］姜彦福, 张帏, 孙悦. 大企业参与风险投资的动因和机制探讨［J］. 中国软科学, 2001（1）: 39 – 41 +74.

［19］金立印. 网络口碑信息对消费者购买决策的影响: 一个实验研究［J］. 经济管理, 2007（22）: 36 – 42.

［20］金永红, 章琦. 中国风险投资网络的网络特性与社团结构研究［J］. 系统工程学报, 2016（2）: 166 – 177.

［21］李美娟, 陈国宏, 陈勃, 等. 基于方法集化的动态组合评价方法研究［J］. 中国管理科学, 2013, 21（2）: 132 – 136.

［22］李美娟, 魏寅坤, 徐林明. 基于灰靶理论的区域协同创新能力动态评价与分析［J］. 科学学与科学技术管理, 2017, 38（8）: 122 – 132.

［23］李梦雅, 严太华. 风险投资、技术创新与企业绩效: 影响机制及其实证检验［J］. 科研管理, 2020, 41（7）: 70 – 78.

［24］李欣. 公司创业投资动机及其模式探析［J］. 特区经济, 2005（5）: 151 – 152.

［25］李严, 庄新田, 罗国锋, 等. 风险投资策略与投资绩效——基于中国风险投资机构的实证研究［J］. 投资研究, 2012a（11）: 88 – 100.

[26] 林南, 孙准模, 高柏, 等. 嵌入在社会网络中的经济——以网络社会网与经济为例 [J]. 社会学评论, 2018, 6 (2): 3 - 18.

[27] 林子尧, 李新春. 公司创业投资与上市公司绩效: 基于中国数据的实证研究 [J]. 南方经济, 2012 (6): 3 - 14.

[28] 刘军. 法村社会支持网络的整体结构研究块模型及其应用 [J]. 社会, 2006 (3): 69 - 80 + 206 - 207.

[29] 刘军. 整体网分析讲义: UCINET 软件实用指南 [C] //格致方法·社会科学研究方法译丛. 上海: 格致出版社, 2009.

[30] 刘志明, 刘鲁. 微博网络舆情中的意见领袖识别及分析 [J]. 系统工程, 2011, 29 (6): 8 - 16.

[31] 陆方舟, 陈德棉, 乔明哲. 公司创业投资目标、模式与投资企业价值的关系——基于沪深上市公司的实证研究 [J]. 投资研究, 2014 (1): 57 - 71.

[32] 罗吉, 党兴华. 我国风险投资机构网络社群: 结构识别、动态演变与偏好特征研究 [J]. 管理评论, 2016 (5): 61 - 72.

[33] 罗吉, 党兴华. 我国风险投资网络社群识别、群间差异与投资绩效研究 [J]. 管理评论, 2017 (9): 48 - 58.

[34] 罗吉, 党兴华, 王育晓. 网络位置、网络能力与风险投资机构投资绩效: 一个交互效应模型 [J]. 管理评论, 2016 (9): 83 - 97.

[35] 罗家德, 曹立坤, 郭戎. 嵌入性如何影响 VC 间的联合投资 [J]. 江苏社会科学, 2018: 85 - 96.

[36] 罗家德, 方震平. 社区社会资本的衡量——一个引入社会网观点的衡量方法 [J]. 江苏社会科学, 2014 (1): 114 - 124.

[37] 聂富强, 张建, 伍晶. 网络嵌入性对风险投资联盟成功退出投资对象的影响: 机理与证据 [J]. 研究与发展管理, 2016 (5): 12 - 22.

[38] 潘庆华, 达庆利. 创业投资公司联合投资的动因及合作策略的选择 [J]. 经济问题探索, 2006 (4): 63 - 68.

[39] 彭华涛, 谢冰. 联合风险投资的网络特性与价值溢出机理分析 [J]. 管理工程学报, 2005 (4): 48 - 51.

[40] 乔明哲, 张玉利, 凌玉, 等. 公司创业投资究竟怎样影响创业企业的 IPO 抑价——来自深圳创业板市场的证据 [J]. 南开管理评论,

2017a（1）：167 - 180.

　　[41] 乔明哲，张玉利，张玮倩，等. 公司创业投资与企业技术创新绩效——基于实物期权视角的研究 [J]. 外国经济与管理，2017b（12）：38 - 52.

　　[42] 乔晗，汪贵州，汪寿阳. 风险投资能筛选并培育优质企业吗？——基于中国创业板的模糊断点回归分析 [J]. 系统工程理论与实践，2020，40（12）：3059 - 3079.

　　[43] 沈维涛，胡刘芬. 分阶段投资策略对风险投资绩效的影响及机理研究 [J]. 当代经济科学，2014a（3）：64 - 74，126.

　　[44] 沈维涛，胡刘芬. 专业化投资策略对风险投资绩效的影响及机理 [J]. 山西财经大学学报，2014b（5）：42 - 53.

　　[45] 施国平，陈德棉，董建卫，郑晓彬. 国有企业作为有限合伙人参与风险投资对创新产出的影响 [J]. 管理学报，2020，17（7）：1024 - 1032.

　　[46] 石琳，党兴华，韩瑾. 风险投资机构网络中心性、知识专业化与投资绩效 [J]. 科技进步与对策，2016：136 - 141.

　　[47] 石琳，党兴华，杨倩，等. 风险投资网络社群集聚性与可达性对成功退出的影响 [J]. 科技进步与对策，2017（17）：9 - 15.

　　[48] 宋砚秋，张玉洁，王瑶琪. 中国企业风险投资多元化投资策略的绩效——基于资源禀赋调节效应的实证研究 [J]. 技术经济，2018，37（10）：45 - 54.

　　[49] 田增瑞，田颖，赵袁军. 公司创业投资研究的热点与前沿——基于知识图谱的可视化分析 [J]. 技术经济，2017（3）：98 - 108.

　　[50] 万坤扬. 公司创业投资对技术创新和价值创造的影响机制研究 [M]. 北京：中国社会科学出版社，2016（4）.

　　[51] 万坤扬. 公司创业投资对企业价值创造的影响机制——基于 CVC 项目异质性视角 [J]. 工业技术经济，2015b（2）：27 - 33.

　　[52] 万坤扬. 公司风险投资组合多元化与公司投资者价值创造——基于分位数回归的实证分析 [J]. 商业经济与管理，2015c（10）：39 - 49.

　　[53] 万坤扬，陆文聪. 公司创业投资组合多元化与企业价值——组织冗余的调节作用 [J]. 经济管理，2014（9）：156 - 166.

[54] 王雷. 联合风险投资合作伙伴的选择 [J]. 统计与决策, 2011 (7): 183 - 186.

[55] 王生年, 魏春燕. 战略转型、资源禀赋与多元化并购的实证研究 [J]. 投资研究, 2014 (11): 72 - 83.

[56] 王曦, 符正平, 林晨雨, 等. 角色地位视角下联盟企业组织身份演化研究——基于中国风险投资辛迪加的实证分析 [J]. 研究与发展管理, 2020 (32): 84 - 99.

[57] 王艳, 侯合银. 创业投资辛迪加网络结构测度的实证研究 [J]. 财经研究, 2010 (3): 46 - 54.

[58] 望俊成. 信息老化的新认识——信息价值的产生与衰减 [J]. 情报学报, 2013, 32 (4): 354 - 362.

[59] 文守逊, 黄文明, 张泰松. 创业投资声誉与创业板 IPO 效应的实证研究 [J]. 经济与管理研究, 2012 (8): 100 - 108.

[60] 翁京华, 韩玉启, 苗成林. 企业创业投资风险度量方法及其参数设定 [J]. 技术经济, 2012 (3): 58 - 61 + 122.

[61] 吴飞美, 李美娟, 毕骏莉, 等. 基于 ELECTRE 的动态评价方法及其应用研究 [J]. 系统科学与数学, 2018, 38 (8): 931 - 945.

[62] 吴菲菲, 李倩, 米兰, 等. 基于网络信息的企业间研发合作网络演化特征研究——以谷歌为例 [J]. 科技进步与对策, 2018, 35 (15): 89 - 95.

[63] 徐林明, 林志炳, 李美娟, 等. 基于模糊 Borda 法的动态组合评价方法及其应用研究 [J]. 中国管理科学, 2017, 25 (2): 165 - 173.

[64] 徐林明, 孙秋碧, 林鸿熙, 等. 基于 ELECTRE 法的区域协同创新能力动态评价研究 [J]. 数学的实践与认识, 2018, 48 (19): 1 - 7.

[65] 徐勇, 贾键涛. 多元化投资策略对创业投资绩效影响的研究——基于中国创业投资的经验证据 [J]. 中山大学学报 (社会科学版), 2016 (5): 151 - 160.

[66] 徐研, 刘迪. 风险投资网络能够促进中小企业创新能力提升吗?——基于中国风投行业数据的实证研究 [J]. 产业经济研究, 2020 (3): 85 - 99.

[67] 燕志雄, 张敬卫, 费方域. 代理问题、风险基金性质与中小高

科技企业融资 [J]. 经济研究, 2016 (9): 132 – 146.

[68] 杨敏利, 丁文虎, 郭立宏, 等. 双重网络嵌入对联合投资形成的影响——基于网络信号视角 [J]. 管理评论, 2018 (2): 61 – 70 + 135.

[69] 翟丽, 鹿溪, 宋学明. 上市公司参与公司风险投资的收益及其影响因素实证研究 [J]. 研究与发展管理, 2010 (5): 104 – 112 + 133.

[70] 詹正华, 田洋洋, 王雷. 联合风险投资对目标企业技术创新能力的影响——基于深圳创业板上市企业的经验分析 [J]. 技术经济, 2015 (6): 24 – 30.

[71] 湛正群, 李非. 企业的知识基础观: 动态开放视角 [J]. 情报杂志, 2006 (8): 18 – 21.

[72] 张学勇, 廖理. 风险投资背景与公司IPO: 市场表现与内在机理 [J]. 经济研究, 2011 (6): 118 – 132.

[73] 张学勇, 张叶青. 风险投资、创新能力与公司IPO的市场表现 [J]. 经济研究, 2016 (10): 112 – 125.

[74] 赵睿, 李艳茹, 程翔. 社会网络特征对科技成果转化创业投资子基金绩效的影响——来自20家基金公司的证据 [J]. 科技进步与对策, 2021, 38 (9): 26 – 32.

[75] 周伶, 山峻, 张津. 联合投资网络位置对投资绩效的影响——来自风险投资的实证研究 [J]. 管理评论, 2014 (12): 160 – 169 + 181.

[76] 周育红. 中国创业投资网络的动态演进及网络绩效效应研究 [M]. 华南理工大学, 2012.

[77] 朱梦娴, 许鸿翔, 高静. 不同内容网络信息资源的半衰期比较研究 [J]. 情报杂志, 2010, 29 (9): 29 – 32 + 40.

[78] Abell P, Nisar T M. Performance effects of venture capital firm networks [J]. Management Decision, 2007, 45 (5): 923 – 936.

[79] Abernathy W J, Clark K B. Innovation: Mapping the winds of creative destruction [J]. Research Policy, 1985, 14 (1): 3 – 22.

[80] Ahuja G, Lampert C M. Entrepreneurship in the large corporation: a longitudinal study of how established firms create breakthrough inventions [J]. Strategic Management Journal, 2001, 22 (6/7): 521 – 543.

[81] Ahuja G, Soda G, Zaheer A. The genesis and dynamics of organiza-

tional networks [J]. Organization Science, 2012, 23 (2): 434 - 448.

[82] Alexy O T, Block J H, Sandner P, et al. Social capital of venture capitalists and start-up funding [J]. Small Business Economics, 2012, 39 (4): 835 - 851.

[83] Allen S A, Hevert K T. Venture capital investing by information technology companies: Did it pay? [J]. Journal of Business Venturing, 2007, 22 (2): 262 - 282.

[84] Altintig A, Chiu H-H, Goktan M. How does uncertainty resolution affect vc syndication? [J]. Financial Management, 2012, 42.

[85] Alvarez-Garrido E, Dushnitsky G. Are entrepreneurial venture's innovation rates sensitive to investor complementary assets? Comparing biotech ventures backed by corporate and independent VCs [J]. Strategic Management Journal, 2016, 37 (5): 819 - 834.

[86] Anokhin S, Örtqvist D, Thorgren S, et al. Corporate venturing deal syndication and innovation: the information exchange paradox [J]. Long Range Planning, 2011, 44 (2): 134 - 151.

[87] Anokhin S, Peck S, Wincent J. Corporate venture capital: The role of governance factors [J]. Journal of Business Research, 2016a, 69 (11): 4744 - 4749.

[88] Anokhin S, Wincent J, Oghazi P. Strategic effects of corporate venture capital investments [J]. Journal of Business Venturing Insights, 2016b, 5: 63 - 69.

[89] Baierl R, Anokhin S, Grichnik D. Coopetition in corporate venture capital: the relationship between network attributes, corporate innovativeness, and financial performance [J]. International Journal of Technology Management, 2016, 71 (1 - 2): 58 - 80.

[90] Basu S, Phelps C, Kotha S. Towards understanding who makes corporate venture capital investments and why [J]. Journal of Business Venturing, 2011, 26 (2): 153 - 171.

[91] Basu S, Phelps C C, Kotha S. Search and integration in external venturing: an inductive examination of corporate venture capital units [J]. Stra-

tegic Entrepreneurship Journal, 2016, 10 (2): 129 – 152.

[92] Baum J A C, Silverman B S. Picking winners or building them? Alliance, intellectual, and human capital as selection criteria in venture financing and performance of biotechnology startups [J]. Journal of Business Venturing, 2004, 19 (3): 411 – 436.

[93] Belderbos R, Jacob J, Lokshin B. Corporate venture capital (CVC) investments and technological performance: Geographic diversity and the interplay with technology alliances [J]. Journal of Business Venturing, 2018, 33 (1): 20 – 34.

[94] Benson D, Ziedonis R H. Corporate venture capital as a window on new technologies: implications for the performance of corporate investors when acquiring startups [J]. Organization Science, 2009, 20 (2): 329 – 351.

[95] Benson D, Ziedonis R H. Corporate venture capital and the returns to acquiring portfolio companies [J]. Journal of Financial Economics, 2010, 98 (3): 478 – 499.

[96] Blondel V D, Guillaume J L, Lambiotte R, et al. Fast unfolding of communities in large networks [J]. Journal of Statistical Mechanics, 2008 (10): 155 – 168.

[97] Bottazzi L, Da Rin M, Hellmann T. The importance of trust for investment: evidence from venture capital [J]. Review of Financial Studies, 2016, 29 (9): 2283 – 2318.

[98] Bouncken R B, Kraus S. Innovation in knowledge-intensive industries: The double-edged sword of coopetition [J]. Journal of Business Research, 2013, 66 (10): 2060 – 2070.

[99] Brander J A, Amit R, Antweiler W. Venture-capital syndication: Improved venture selection vs. the value-added hypothesis [J]. Journal of Economics & Management Strategy, 2002, 11 (3): 423 – 452.

[100] Bubna A, Das S R, Prabhala N. Venture Capital Communities [J]. Social Science Electronic Publishing, 2011.

[101] Buchner A, Mohamed A, Schwienbacher A. Diversification, risk, and returns in venture capital [J]. Journal of Business Venturing, 2017, 32

（5）: 519 – 535.

[102] Burt R S. The social structure of competition [J]. Economic Journal, 1992, 42 (22): 7060 – 7066.

[103] Burt R S. Structural Holes: The Social Structure of Competition [C]. Cambridge, MA: Harvard University Press, 2009.

[104] Ceccagnoli M, Higgins M J, Kang H D. Corporate Venture Capital as an Ex-Ante Evaluation Mechanism in the Market for Technology [J]. Ssrn Electronic Journal, 2011.

[105] Ceccagnoli M, Higgins M J, Kang H D. Corporate venture capital as a real option in the markets for technology [C]. 2017 IEEE Technology & Engineering Management Conference, 2017: 40 – 46.

[106] Chemmanur T J, Loutskina E, Tian X. Corporate venture capital, value creation, and innovation [J]. Review of Financial Studies, 2014, 27 (8): 2434 – 2473.

[107] Cheng C-Y, Tang M-J. Partner-selection effects on venture capital investment performance with uncertainties [J]. Journal of Business Research, 2019, 95: 242 – 252.

[108] Chesbrough H. Designing corporate ventures in the shadow of private venture capital [J]. California Management Review, 2000, 42 (3): 31 – 49.

[109] Chesbrough H W. Making sense of corporate venture capital [J]. Harvard Business Review, 2002, 80 (3): 90 – 92.

[110] Chesbrough H W. Open Innovation: The New Imperative for Creating and Profiting from Technology [C]. Harvard Business School Press, 2003.

[111] Chesbrough H W, Appleyard M M. Open Innovation and Strategy [J]. California Management Review, 2007, 50 (1): 57.

[112] Colombo M G, Murtinu S. Venture Capital Investments in Europe and Portfolio Firms' Economic Performance: Independent Versus Corporate Investors [J]. Journal of Economics & Management Strategy, 2017, 26 (1): 35 – 66.

[113] Cressy R, Malipiero A, Munari F. Does VC fund diversification

pay off? An empirical investigation of the effects of VC portfolio diversification on fund performance [J]. International Entrepreneurship & Management Journal, 2014, 10 (1): 139 – 163.

[114] Cumming D J. The determinants of venture capital portfolio size: Empirical evidence [J]. Journal of Business, 2006, 79 (3): 1083 – 1126.

[115] Da Gbadji L A G, Gailly B, Schwienbacher A. International analysis of venture capital programs of large corporations and financial institutions [J]. Entrepreneurship Theory and Practice, 2015, 39 (5): 1213 – 1246.

[116] Das T K, Teng B S. A resource-based theory of strategic alliances [J]. Journal of Management, 2000, 26 (1): 31 – 61.

[117] De Carolis D, Deeds D. The Impact of Stocks and Flows of Organizational Knowledge on Firm Performance [J]. Strategic Management Journal, 1999, 20: 953 – 968.

[118] De Carolis D M, Litzky B E, Eddleston K A. Why networks enhance the progress of new venture creation: the influence of social capital and cognition [J]. Entrepreneurship Theory and Practice, 2009, 33 (2): 527 – 545.

[119] De Clercq D. A Knowledge-based View of Venture Capital Firms' Portfolio Investment Specialization and Syndication [C]. Social Science Electronic Publishing, 2011.

[120] De Clercq D, Sapienza H J. Effects of relational capital and commitment on venture capitalists' perception of portfolio company performance [J]. Journal of Business Venturing, 2006, 21 (3): 326 – 347.

[121] De Leeuw T, Lokshin B, Duysters G. Returns to alliance portfolio diversity: The relative effects of partner diversity on firm's innovative performance and productivity [J]. Journal of Business Research, 2014, 67 (9): 1839 – 1849.

[122] Dimov D, de Holan P M, Milanov H. Learning patterns in venture capital investing in new industries [J]. Industrial and Corporate Change, 2012, 21 (6): 1389 – 1426.

[123] Dimov D, Milanov H. The interplay of need and opportunity in ven-

ture capital investment syndication [J]. Journal of Business Venturing, 2010, 25 (4): 331 – 348.

[124] Drover W, Busenitz L, Matusik S, et al. A review and road map of entrepreneurial equity financing research: venture capital, corporate venture capital, angel investment, crowdfunding, and accelerators [J]. Journal of Management, 2017, 43 (6): 1820 – 1853.

[125] Dushnitsky G, Lavie D. How alliance formation shapes corporate venture capital investment in the software industry: a resource-based perspective [J]. Strategic Entrepreneurship Journal, 2010, 4 (1): 22 – 48.

[126] Dushnitsky G, Lenox M J. When do incumbents learn from entre-preneurial ventures? [J]. Research Policy, 2005, 34 (5): 615 – 639.

[127] Dushnitsky G, Lenox M J. When does corporate venture capital in-vestment create firm value? [J]. Journal of Business Venturing, 2006, 21 (6): 753 – 772.

[128] Dushnitsky G, Shapira Z. Entrepreneurial finance meets organiza-tional reality: comparing investment practices and performance of corporate and independent venture capitalists [J]. Strategic Management Journal, 2010, 31 (9): 990 – 1017.

[129] Dushnitsky G, Shaver J M. Limitations to interorganizational knowl-adge acquisition: the paradox of corporate venture capital [J]. Strategic Manage-ment Journal, 2009, 30 (10): 1045 – 1064.

[130] Dyer J H, Hatch N W. Relation-specific capabilities and barriers to knowledge transfers: creating advantage through network relationships [J]. Stra-tegic Management Journal, 2006, 27 (8): 701 – 719.

[131] Emirbayer M, Goodwin J. Network analysis, culture, and the prob-lem of agency [J]. American Journal of Sociology, 1994, 99 (6): 1411 – 1454.

[132] Ernst H, Witt P, Brachtendorf G. Corporate venture capital as a strategy for external innovation: an exploratory empirical study [J]. R & D Man-agement, 2005, 35 (3): 233 – 242.

[133] Ewens M, Jones C M, Rhodes-Kropf M. The Price of Diversifiable Risk in Venture Capital and Private Equity [J]. Review of Financial Studies,

2013, 26 (8): 1853 - 1889.

[134] Ferrary M. Syndication of venture capital investment: the art of resource pooling [J]. Entrepreneurship Theory and Practice, 2010, 34 (5): 885 - 908.

[135] Ferrary M, Granovetter M. The role of venture capital firms in Silicon Valley's complex innovation network [J]. Economy and Society, 2009, 38 (2): 326 - 359.

[136] Florida R L, Kenney M. Venture capital-financed innovation and technological change in the USA [J]. Research Policy, 1988, 17 (3): 119 - 137.

[137] Fulghieri P, Sevilir M. Organization and financing of innovation, and the choice between corporate and independent venture capital [J]. Journal of Financial and Quantitative Analysis, 2009, 44 (6): 1291 - 1321.

[138] Fund B R, Pollock T G, Baker T, et al. Who's the new kid? The process of developing centrality in venture capitalist deal networks [J]. Advances in Strategic Management, 2008, 25: 563 - 593.

[139] Gaba V, Bhattacharya S. Aspirations, innovation, and corporate venture capital: A behavioral perspective [J]. Strategic Entrepreneurship Journal, 2012, 6 (2): 178 - 199.

[140] Gaba V, Dokko G. Learning to let go: Social influence, learning, and the abandonment of corporate venture capital practices [J]. Strategic Management Journal, 2016, 37 (8): 1558 - 1577.

[141] Galloway T L, Miller D R, Sahaym A, et al. Exploring the innovation strategies of young firms: Corporate venture capital and venture capital impact on alliance innovation strategy [J]. Journal of Business Research, 2017, 71: 55 - 65.

[142] Girvan M, Newman M E J. Community structure in social and biological networks [J]. Proc Natl Acad Sci U S A, 2002, 99 (12): 7821 - 7826.

[143] Gomes-Casseres B, Hagedoorn J, Jaffe A. Do alliance promote knowledge flows? [J]. Journal of Financial Economics, 2006, 80: 5 - 33.

[144] Gompers P, Kovner A, Lerner J. Specialization and success: evidence from venture capital [J]. Journal of Economics & Management Strategy, 2009, 18 (3): 817 – 844.

[145] Gompers P, Lerner J. The venture capital revolution [J]. Journal of Economic Perspectives, 2001, 15 (2): 145 – 168.

[146] Granovetter M. Economic action and social structure: the problem of embeddedness [J]. American Journal of Sociology, 1985, 91 (3): 481 – 510.

[147] Granovetter M. Society and Economy: Framework and Principles [C]. Harvard University Press, 2017.

[148] Granovetter M S. The strength of weak ties [J]. American Journal of Sociology, 1973, 78 (6): 1360 – 1380.

[149] Grant R. Prospering in dynamically-competitive environments: organizational capability as knowledge integration [J]. Organization Science, 1996a (7): 375 – 387.

[150] Grant R. Toward A Knowledge-based theory of the firm [J]. Strategic Management Journal, 1996b, 17: 109 – 122.

[151] Gu Q, Lu X H. Unraveling the mechanisms of reputation and alliance formation: A study of venture capital syndication in China [J]. Strategic Management Journal, 2014, 35 (5): 739 – 750.

[152] Gu W, Qian X. Does venture capital foster entrepreneurship in an emerging market? [J]. Journal of Business Research, 2018.

[153] Gulati R. Does Familiarity Breed Trust? The Implications of Repeated Ties for Contractual Choice in Alliances [J]. The Academy of Management Journal, 1995, 38 (1): 85 – 112.

[154] Gulati R, Dovev L, Ravindranath M. How do networks matter? The performance effects of interorganizational networks [J]. Research in Organizational Behavior, 2011 (31): 207 – 224.

[155] Guler I, Guillen M F. Home country networks and foreign expansion: evidence from the venture capital industry [J]. Academy of Management Journal, 2010, 53 (2): 390 – 410.

[156] Hausman J, Hall B H, Griliches Z. Econometric models for count data with an application to the patents-r & d relationship [J]. Econometrica, 1984, 52 (4): 909 –938.

[157] Hellmann T, Puri M. Venture capital and the professionalization of start-up firms: Empirical evidence [J]. Journal of Finance, 2002, 57 (1): 169 –197.

[158] Herrmann-Pillath C. Fei Xiaotong's comparative theory of Chinese culture: its relevance for contemporary cross-disciplinary research on Chinese 'Collectivism' [J]. Copenhagen Journal of Asian Studies, 2016, 34: 25 –57.

[159] Herskovits R, Grijalbo M, Tafur J. Understanding the main drivers of value creation in an open innovation program [J]. International Entrepreneurship & Management Journal, 2013, 9 (4): 631 –640.

[160] Hill S A, Maula M V J, Birkinshaw J M, et al. Transferability of the venture capital model to the corporate context: implications for the performance of corporate venture units [J]. Strategic Entrepreneurship Journal, 2009, 3 (1): 3 –27.

[161] Hochberg Y V, Lindsey L A, Westerfield M M. Resource accumulation through economic ties: Evidence from venture capital [J]. Journal of Financial Economics, 2015, 118 (2): 245 –267.

[162] Hochberg Y V, Ljungqvist A, Lu Y. Whom you know matters: Venture capital networks and investment performance [J]. Journal of Finance, 2007, 62 (1): 251 –301.

[163] Hochberg Y V, Ljungqvist A, Lu Y. Networking as a barrier to entry and the competitive supply of venture capital [J]. Journal of Finance, 2010, 65 (3): 829 –859.

[164] Hochberg Y V, Ljungqvist A, Vissing-Jorgensen A. Informational holdup and performance persistence in venture capital [J]. Review of Financial Studies, 2014, 27 (1): 102 –152.

[165] Hopp C. Are firms reluctant to engage in inter-organizational exchange relationships with competitors? [J]. Economics Letters, 2008, 99 (3): 348 –350.

[166] Hopp C. The evolution of inter-organizational networks in venture capital financing [J]. Applied Financial Economics, 2010a, 20 (22): 1725 - 1739.

[167] Hopp C. When do venture capitalists collaborate? Evidence on the driving forces of venture capital syndication [J]. Small Business Economics, 2010b, 35 (4): 417 - 431.

[168] Hopp C, Lukas C. A Signaling perspective on partner selection in venture capital syndicates [J]. Entrepreneurship Theory & Practice, 2014, 38 (3): 635 - 670.

[169] Hopp C, Rieder F. What drives venture capital syndication? [J]. Applied Economics, 2011, 43 (23): 3089 - 3102.

[170] Humphery-Jenner M. Diversification in private equity funds: On knowledge-sharing, risk-aversion and limited-attention [J]. Journal of Financial & Quantitative Analysis, 2013, 48 (5): 1 - 50.

[171] Jaaskelainen M. Venture capital syndication: synthesis and future directions [J]. International Journal of Management Reviews, 2012, 14 (4): 444 - 463.

[172] Jaaskelainen M, Maula M. Do networks of financial intermediaries help reduce local bias? Evidence from cross-border venture capital exits [J]. Journal of Business Venturing, 2014, 29 (5): 704 - 721.

[173] Johannessen J A, Olsen B. Knowledge management and sustainable competitive advantages: The impact of dynamic contextual training [J]. International Journal of Information Management, 2003, 23 (4): 277 - 289.

[174] Kang H, Nanda V. Complements or substitutes? Technological and financial returns created by corporate venture capital investments [J]. Ssrn Electronic Journal, 2011.

[175] Kang H D. A dyadic analysis of technological benefits attributable to corporate venture capital ties: Evidence from the Biopharmaceutical Industry [J]. Social Science Electronic Publishing, 2014.

[176] Kang Y, Wang S, Peng K, et al. The Impact of Corporate Venture Capital (CVC) Information Disclosure on Corporate Value [C]. Proceed-

ings of the 2016 2nd International Conference on Economics, Management Engineering and Education Technology, 2016.

[177] Kann A. Strategic venture capital investing by corporations: A framework for structuring and valuing corporate venture capital pro-grams [D]. Stanford University, 2000.

[178] Kaplan S N, Stromberg P. Financial contracting theory meets the real world: An empirical analysis of venture capital contracts [J]. Review of Economic Studies, 2003, 70 (2): 281 –315.

[179] Katila R, Ahuja G. Something old, something new: A longitudinal study of search behavior and new product introduction [J]. The Academy of Management Journal, 2002, 45 (6): 11.

[180] Katila R, Rosenberger J D, Eisenhardt K M. Swimming with sharks: technology ventures, defense mechanisms and corporate relationships [J]. Administrative Science Quarterly, 2008, 53 (2): 295 –332.

[181] Keil T. External corporate venturing: cognition, speed, and capability development [D]. Helsinki University of Technology, 2000.

[182] Keil T, Autio E, George G. Corporate venture capital, disembodied experimentation and capability development [J]. Journal of Management Studies, 2008, 45 (8): 1475 –1505.

[183] Keil T, Maula M V, Wilson C. Unique resources of corporate venture capitalists as a key to entry into rigid venture capital syndication networks [J]. Entrepreneurship Theory and Practice, 2010, 34 (1): 83 – 103.

[184] Kenney M. How venture capital became a component of the US National System of Innovation [J]. Industrial and Corporate Change, 2011, 20 (6): 1677 – 1723.

[185] Khanna T, Gulati R, Nohria N. The dynamics of learning alliances: Competition, cooperation, and relative scope [J]. Strategic Management Journal, 1998, 19 (3): 193.

[186] Kim K, Gopal A, Hoberg G. Does product market competition drive cvc investment? Evidence from the US IT Industry [J]. Information Systems Research, 2011, 27 (2): 259 –281.

［187］Knyphausen-Aufsess D Z. Corporate venture capital: Who adds value? ［J］. Venture Capital, 2005, 7 (1): 23 –49.

［188］Kogut B, Urso P, Walker G. Emergent properties of a new financial market: American venture capital syndication, 1960 –2005 ［J］. Management Science, 2007, 53 (7): 1181 –1198.

［189］Kortum S, Lerner J. Assessing the contribution of venture capital to innovation ［J］. The RAND Journal of Economics, 2000, 31 (4): 674.

［190］Latora V, Nicosia V, Panzarasa P. Social cohesion, structural holes, and a tale of two measures ［J］. Journal of Statistical Physics, 2013, 151 (3 –4): 745 –764.

［191］Lavie D. The Competitive advantage of interconnected firms: An extension of the resource-based view ［J］. The Academy of Management Review, 2006, 31 (3): 638 –658.

［192］Lechner C, Dowling M. Firm networks: external relationships as sources for the growth and competitiveness of entrepreneurial firms ［J］. Entrepreneurship & Regional Development, 2003, 15 (1): 1 –26.

［193］Lee S U, Park G, Kang J. The double-edged effects of the corporate venture capital unit's structural autonomy on corporate investors' explorative and exploitative innovation ［J］. Journal of Business Research, 2018 (88): 141 –149.

［194］Lerner J. The syndication of venture capital investments ［J］. Financial Management, 1994, 23 (3): 16 –27.

［195］Lerner J. When bureaucrats meet entrepreneurs: The design of effective 'public venture capital' programmes ［J］. Economic Journal, 2002, 112 (477): F73 – F84.

［196］Li Y, Mahoney J T. When are venture capital projects initiated? ［J］. Journal of Business Venturing, 2011, 26 (2): 239 –254.

［197］Lin S J, Lee J R. Configuring a corporate venturing portfolio to create growth value: Within-portfolio diversity and strategic linkage ［J］. Journal of Business Venturing, 2011, 26 (4): 489 –503.

［198］Lindsey L. Blurring firm boundaries: The role of venture capital in strategic alliances [J]. Journal of Finance, 2008, 63 (3): 1137 – 1168.

[199] Liu Z Y, Chen Z Q. Venture capital networks and investment performance in China [J]. Australian Economic Papers, 2014, 53 (1 – 2): 97 – 111.

[200] Lockett A, Wright M. The syndication of venture capital investments [J]. Omega-International Journal of Management Science, 2001, 29 (5): 375 – 390.

[201] Lorenzo F D, Vrande V. Tapping into the knowledge of incumbents: The role of corporate venture capital investments and inventor mobility [J]. Strategic Entrepreneurship Journal, 2019, 13 (1).

[202] Luo J-D, Cheng M-Y, Zhang T. Guanxi circle and organizational citizenship behavior: Context of a Chinese workplace [J]. Asia Pacific Journal of Management, 2016, 33.

[203] MacLean M, Mitra D, Wielemaker M. Less-versus well-developed venture capital networks: The venture capital acquisition process in new Brunswick [J]. Journal of Small Business & Entrepreneurship, 2010, 23 (4): 527 – 542.

[204] MacMillan I C, Van Putten A B, McGrath R G. Using real options discipline for highly uncertain technology investments [J]. Research Technology Management, 2006, 49 (1): 29 – 37.

[205] Makela M M, Maula M V J. Interorganizational commitment in syndicated cross-border venture capital investments [J]. Entrepreneurship Theory and Practice, 2006, 30 (2): 273 – 298.

[206] March J G. Exploration and Exploitation in Organizational Learning [J]. Organization Science, 1991 (1): 71 – 87.

[207] Matusik S F, Fitza M A. Diversification in the venture capital industry: leveraging knowledge under uncertainty [J]. Strategic Management Journal, 2012, 33 (4): 407 – 426.

[208] Maula M, Autio E, Murray G. Prerequisites for the creation of social capital and subsequent knowledge acquisition in corporate venture capital [J]. Venture Capital, 2003, 5 (2): 117 – 134.

［209］Maula M, Autio E, Murray G. Corporate venture capitalists and independent venture capitalists: what do they know, who do they know and should entrepreneurs care? ［J］. Venture Capital, 2005, 7 (1): 3 –21.

［210］Maula M V J, Autio E, Murray G C. Corporate venture capital and the balance of risks and rewards for portfolio companies ［J］. Journal of Business Venturing, 2009, 24 (3): 274 –286.

［211］Maula M V J, Keil T, Zahra S A. Top Management's Attention to Discontinuous Technological Change: Corporate Venture Capital as an Alert Mechanism ［J］. Organization Science, 2013, 24 (3): 926 –947.

［212］Nahata R. Venture capital reputation and investment performance ［J］. Journal of Financial Economics, 2008, 90 (2): 127 –151.

［213］Narayanan V K, Yang Y, Zahra S A. Corporate venturing and value creation: A review and proposed framework ［J］. Research Policy, 2009, 38 (1): 58 –76.

［214］Newman M E J, Watts D J. Renormalization group analysis of the small-world network model ［J］. Physics Letters A, 1999, 263 (4): 341 –346.

［215］Noyes E, Brush C, Hatten K, et al. Firm Network Position and Corporate Venture Capital Investment ［J］. Journal of Small Business Management, 2014, 52 (4): 713 – 731.

［216］Ozmel U, Robinson D T, Stuart T E. Strategic alliances, venture capital, and exit decisions in early stage high-tech firms ［J］. Journal of Financial Economics, 2013, 107 (3): 655 –670.

［217］Paik Y. Serial entrepreneurs and venture survival: evidence from us venture-capital-financed semiconductor firms ［J］. Strategic Entrepreneurship Journal, 2014, 8 (3): 254 –268.

［218］Park B-J, Srivastava M K, Gnyawali D R. Walking the tight rope of coopetition: Impact of competition and cooperation intensities and balance on firm innovation performance ［J］. Industrial Marketing Management, 2014, 43 (2): 210 –221.

［219］Park H D, Steensma H K. When does corporate venture capital add value for new ventures? ［J］. Strategic Management Journal, 2012, 33

（1）：1 – 22.

［220］Park S, LiPuma J A, Park S S. Concentrating Too Hard? Foreign and Corporate Venture Capital Involvement in Syndicates ［J］. Journal of Small Business Management, 2019, 57 （2）.

［221］Parkhe A. Interfirm Diversity, Organizational Learning, and Longevity in Global Strategic Alliances ［J］. Journal of International Business Studies, 1991, 22 （4）：579 – 601.

［222］Podolny J M. Networks as the Pipes and Prisms of the Market ［J］. American Journal of Sociology, 2001, 107 （1）：33 – 60.

［223］Pollock T G, Lee P M, Jin K, et al. （Un）Tangled：Exploring the asymmetric coevolution of new venture capital firms' reputation and status ［J］. Administrative Science Quarterly, 2015, 60 （3）：482 – 517.

［224］Prashantham S, Dhanaraj C. The Dynamic influence of social capital on the international growth of new ventures ［J］. Journal of Management Studies, 2010, 47 （6）：967 – 994.

［225］Rice M P, O'Connor G C, Leifer R, et al. Corporate venture capital models for promoting radical innovation ［J］. Journal of Marketing Theory & Practice, 2000, 8 （3）：1 – 10.

［226］Ritala P. Coopetition Strategy-When is it Successful? Empirical evidence on innovation and market performance ［J］. British Journal of Management, 2012, 23 （3）：307 – 324.

［227］Ritala P, Hurmelinna-Laukkanen P. What's in it for me? Creating and appropriating value in innovation-related coopetition ［J］. Technovation, 2009, 29 （12）：819 – 828.

［228］Roberts E B, Berry C A. Entering new businesses：Selecting strategies for success ［J］. Sloan Management Review, 1985, 26 （3）：3 – 17.

［229］Rossi M, Festa G, Solima L, et al. Financing knowledge-intensive enterprises：evidence from CVCs in the US ［J］. Journal of Technology Transfer, 2017, 42 （2）：338 – 353.

［230］Sahaym A, Cho S Y, Kim S K, et al. Mixed blessings：How top management team heterogeneity and governance structure influence the use of corporate venture capital by post-IPO firms [J]. Journal of Business Research, 2016, 69 (3): 1208 – 1218.

[231] Sahaym A, Steensma H K, Barden J Q. The influence of R&D investment on the use of corporate venture capital: An industry-level analysis [J]. Journal of Business Venturing, 2010, 25 (4): 376 – 388.

[232] Sakaki H, Jory S R. Institutional investors ' ownership stability and firms' innovation [J]. Journal of Business Research, 2019, 103: 10 – 22.

[233] Sandulli F D, Fernandez-Menendez J, Rodriguez-Duarte A, et al. Testing the Schumpeterian hypotheses on an open innovation framework [J]. Social Science Electronic Publishing, 2012, 50 (7): 1222 – 1232.

[234] Schildt H A, Maula M V J, Keil T. Explorative and exploitative learning from external corporate ventures [J]. Entrepreneurship Theory & Practice, 2010, 29 (4): 493 – 515.

[235] Schroll A, Mild A. Open innovation modes and the role of internal R&D: An empirical study on open innovation adoption in Europe [J]. European Journal of Innovation Management, 2011, 14 (4): 475 – 495.

[236] Shane S. Technological opportunities and new firm creation [J]. Management Science, 2001, 47 (2): 205.

[237] Siegel R, Siegel E, Macmillan I C. Corporate venture capitalists: Autonomy, obstacles, and performance [J]. Journal of Business Venturing, 1988, 3 (3): 233 – 247.

[238] Sorenson O, Stuart T E. Syndication networks and the spatial distribution of venture capital investments [J]. American Journal of Sociology, 2001, 106 (6): 1546 – 1588.

[239] Srivastava M K, Gnyawali D R. When do relational resources matter? Leveraging portfolio technological resources for breakthrough innovation [J]. The Academy of Management Journal, 2011, 54 (4): 797 – 810.

[240] Teece D, Pisano G, Shuen A. Dynamic Capabilities and Strategic Management [J]. Strategic Management Journal, 1997, 18: 509 – 533.

[241] Teppo T, Wustenhagen R. Why corporate venture capital funds fail-evidence from the European energy industry [J]. World Review of Entrepre-

neurship Management & Sustainable Development, 2007, 4 (4): 353 – 375.

[242] Tian X. The role of venture capital syndication in value creation for entrepreneurial firms [J]. Review of Finance, 2012, 16 (1): 245 – 283.

[243] Tian X, Wang T Y. Tolerance for failure and corporate innovation [J]. Review of Financial Studies, 2014, (1): 211 – 255.

[244] Tong T W, Li Y. Real options and investment mode: evidence from corporate venture capital and acquisition [J]. Organization Science, 2011, 22 (3): 659 – 674.

[245] Tushman M L, Anderson P. Technological discontinuities and organizational environments [J]. Administrative Science Quarterly, 1986, 31 (3): 439 – 465.

[246] Uzzi B. Social structure and competition in interfirm networks: The paradox of embeddedness [J]. Administrative Science Quarterly, 1997, 42 (1): 35 – 67.

[247] Vanhaverbeke W. Understanding the advantages of open innovation practices in corporate venturing in terms of real options [J]. Strategic Direction, 2009, 25.

[248] Venkataraman S, Van de Ven A H. Hostile environmental jolts, transaction set, and new business [J]. Journal of Business Venturing, 1998, 13 (3): 231 – 255.

[249] Wadhwa A, Basu S. Exploration and resource commitments in unequal partnerships: an examination of corporate venture capital investments [J]. Journal of Product Innovation Management, 2013, 30 (5): 916 – 936.

[250] Wadhwa A, Phelps C, Kotha S. Corporate venture capital portfolios and firm innovation [J]. Journal of Business Venturing, 2016, 31 (1): 95 – 112.

[251] Wang Z, Zhou Y, Tang J, et al. The prediction of venture capital co-investment based on structural balance theory [J]. IEEE Transactions on Knowledge and Data Engineering, 2015.

[252] Wasserman N. Revisiting the strategy, structure, and performance paradigm: The case of venture capital [J]. Organization Science, 2008, 19

(2): 241 - 259.

[253] Weber B, Weber C. Corporate venture capital as a means of radical innovation: Relational fit, social capital, and knowledge transfer [J]. Journal of Engineering and Technology Management, 2007, 24 (1 - 2): 11 - 35.

[254] Weber C. Corporate Venture Capitalists with a 'Bird's-Eye View'- A Dynamic Social Network Perspective [J]. Schmalenbach Business Review, 2009, 10 (2): 195 - 224.

[255] Weber C, Bauke B, Raibulet V. An Empirical Test of the Relational View in the Context of Corporate Venture Capital [J]. Strategic Entrepreneurship Journal, 2016, 10 (3): 274 - 299.

[256] Weber C, Weber B. Exploring the antecedents of social liabilities in CVC triads-A dynamic social network perspective [J]. Journal of Business Venturing, 2011, 26 (2): 255 - 272.

[257] Wellman B, Berkowitz S D. Social Structures: A Network Approach [J]. American Political Science Association, 1988, 83 (4).

[258] Weng Y, Xu H. How guanxi affects job search outcomes in China? Job match and job turnover [J]. China Economic Review, 2018, 51: 70 - 82.

[259] West H C W V J. Open innovation : researching a new paradigm [C]. Oxford University Press, 2008.

[260] Widyasthana G N S, Tjakraatmadja J H, Wibisono D, et al. Organization Behavior On Corporate Venture Capital [C]. Proceedings of the 3rd International Seminar and Conference on Learning Organization, 2016.

[261] Wright M, Lockett A. The structure and management of alliances: Syndication in the venture capital industry [J]. Journal of Management Studies, 2003, 40 (8): 2073 - 2102.

[262] Wuyts S, Dutta S. Benefiting from alliance portfolio diversity: The role of past internal knowledge creation strategy [J]. Journal of Management, 2014, 40 (6): 1653 - 1674.

[263] Xiaotong F. From the Soil: the Foundations of Chinese Society [C]. University of California Press, CA, 1992.

[264] Yang M, Han C. Stimulating innovation: Managing peer interaction

for idea generation on digital innovation platforms [J]. Journal of Business Research, 2019.

[265] Yang S, Li Y, Wang X. Cohesiveness or competitiveness: Venture capital syndication networks and firms' performance in China [J]. Journal of Business Research, 2018, 91: 295 – 303.

[266] Yang Y, Chen T, Zhang L. Corporate venture capital program autonomy, corporate investors' attention and portfolio diversification [J]. Journal of Strategy and Management, 2016, 9 (3): 302 – 321.

[267] Yang Y, Narayanan V K, De Carolis D M. The relationship between portfolio diversification and firm value: The evidence from corporate venture capital activity [J]. Strategic Management Journal, 2014, 35 (13): 1993 – 2011.

[268] Yang Y, Narayanan V K, Zahra S. Developing the selection and valuation capabilities through learning: The case of corporate venture capital [J]. Journal of Business Venturing, 2009, 24 (3): 261 – 273.

[269] Yli-Renko H, Autio E, Sapienza H J. Social capital, knowledge acquisition, and knowledge exploitation in young technology-based firms [J]. Strategic Management Journal, 2001, 22 (6 – 7): 587 – 613.

[270] Yunxiang Y. "Chaxu geju" and the notion of hierarchy in Chinese culture [J]. Sociological Studies, 2006, (4): 13.

[271] Zhang L, Gupta A, Hallen B. The conditional importance of prior Ties: A group-level analysis of venture capital syndication [J]. Academy of Management Journal, 2016.

[272] Zheng J K. A social network analysis of corporate venture capital syndication [D]. University of Waterloo, 2004.

[273] Zheng Y, Zhi Y, Fisher G J, et al. Knowledge complementarity, knowledge absorption effectiveness, and new product performance: The exploration of international joint ventures in China [J]. International Business Review, 2013, 22 (1): 216 – 227.

[274] Zimmerman M A, Zeitz G J. Beyond survival: Achieving new venture growth by building legitimacy [J]. Academy of Management Review, 2002, 27 (3): 414 – 431.